率性教书

SHUAIXINGJIAOSHU

名师工程

思想者系列

钱理群 张文质 ◎ 主编

夏昆 ◎ 著

西南师范大学 出版社

全国百佳图书出版单位 国家一级出版社

图书在版编目（CIP）数据

率性教书/夏昆著 . —重庆：西南师范大学出版社，2011.9
（名师工程系列丛书）
ISBN 978-7-5621-5471-6

Ⅰ.①率… Ⅱ.①夏… Ⅲ.①教育—文集
Ⅳ.①G4-53

中国版本图书馆 CIP 数据核字（2011）第 195057 号

名师工程系列丛书

编委会主任： 马　立　宋乃庆
总策划： 周安平
策　划： 李远毅　卢　旭　郑持军　郭德军

率性教书
夏　昆　著

责任编辑： 杜珍辉　李　平
封面设计： 天字行文化
出版发行： 西南师范大学出版社
　　　　　　地址：重庆市北碚区天生路 1 号
　　　　　　邮编：400715　市场营销部电话：023-68868624
　　　　　　http://www.xscbs.com
经　销： 新华书店
印　刷： 九洲财鑫印刷有限公司
开　本： 720mm×1030mm　1/16
印　张： 13.5
字　数： 220 千字
版　次： 2011 年 11 月　第 1 版
印　次： 2017 年 6 月　第 4 次印刷
书　号： ISBN 978-7-5621-5471-6

定　价： 26.00 元

《名师工程》

系列丛书

编者的话

当前，以人为本的教育理念正在逐步深化，素质教育以及基础教育课程改革不断推进。在这场深刻又艰苦的教育改革中，涌现了无数甘为人梯、乐于奉献的优秀教师。他们积极探索、更新观念、敢于创新、善于改革，在实践中创造性地发展、总结了很多先进的教育思想、教育理念；创造性地开发了很多新的教学模式、教学内容和教学方法。这些新思想、新模式、新方法在实践中极大地提高了教学质量，是教育改革实践中的新内涵和宝贵财富。这些优秀教师就是我们的名师，这些新内涵就是名师的核心教育力。整理、总结、发展、推广这些教育新内涵，是深化教育改革、完善教育体制、提高教育质量、提升教师水平的一件大事。

教育，是民族振兴的基石；教师，是教育发展的根基。

胡锦涛总书记在全国优秀教师代表座谈会上指出："教师是人类文明的传承者。推动教育事业又好又快发展，培养高素质人才，教师是关键。没有高水平的教师队伍，就没有高质量的教育。"十七大报告又进一步强调了必须加强教师队伍建设，不断提高教师的素质。当今世界，社会进步一日千里，科技发展日新月异，知识更新的周期越来越短。教师作为"文明的传承者"更要与时俱进，刻苦钻研、奋发进取，尽快提升自身素质和能力，为推动教育事业的健康发展贡献自己的力量。

基于以上，西南师范大学出版社策划、组织出版了大型系列教育丛书——《名师工程》。希望通过总结名师的创新经验、先进理念，宣传名师的核心教育力，为广大教师职业生涯提供精神源泉和实践动力，在教育实践层面切实推动从教者职业素养的提升。通过《名师工程》实现"打造名师的工程"。

丛书在策划、创作过程中力求实现以下特色：

一、理念创新，体现教育的人本精神

教师角色在以人为本的教育理念下发生了重大的变化，教师的素质和能力也面临更高的要求。如何弘扬、培植学生的主体性、增强学生的主体意识、发展学生的主体能力、塑造学生的主体人格等问题成为教师在目前教育中亟待解决的难题。丛书以教育管理者和教师为主要读者对象，通过教师综合素质的提高而将人本教育的思想落实到教育实践中，真正实现教育培养人、塑造人、发展人的本质要求。

二、全面构建，系统提升教师的教育能力

丛书选题的最大特点就是系统、全面地针对教师教育能力的提升而展开。施教者的能力决定教育的效果，教育改革的落实、教育效果的提高无不体现在教师身上。丛书针对不同教育能力、不同教学要求、不同教育对象，有针对性地设置选题。棘手学生、课堂切入、引导艺术、班主任的教导力、互动艺术、课堂效率、心灵教育等等，这些鲜明的主题从教育的细节出发，从教育实际情况出发，有针对性地解决问题，让教师在阅读中学有所指、读有所获。

三、科学权威，体现教育的时代前沿性

丛书邀请全国各地著名的教育工作者执笔，汇集在教育改革与实践中涌现的先进理念、成果和方法，经过专家认真遴选、评点总结而成，代表了目前教育实践中先进的教育生产力，具有时代前沿性，是广大一线教师学习、借鉴的好素材。

四、注重实践，突出施教的实用价值

丛书采用了通俗的创作方法，把死板的道理鲜活化，把教条的写法改变为以案例为主，分析、评点为辅，把最先进的教育理念和方法融入有趣的情境中。经典的案例，情境式的叙述，流畅的语言，充满感情的评述，发人深省的剖析，娓娓道来、深入浅出，让教师更充分地领会先进、有效的教育方法。

在诸多教育、出版界同仁的支持与努力下，《名师工程》陆续推出了《名师讲述系列》《教学提升系列》《教学新突破系列》《高中新课程系列》《教师成长系列》《大师讲坛系列》《教育细节系列》《创新语文教学系列》《教育管理力系列》《教师修炼系列》《创新数学教学系列》《教育通识系列》《教育心理系列》《创新课堂系列》《思想者系列》《名师名课系列》《幼师提升系列》《优化教学系列》《教研提升系列》《名校长核心思想系列》《名校系列》《高效课堂系列》《班主任专业化系列》等系列，共120多个品种，后续图书也将陆续出版。

丛书在出版创作过程中得到各地、各级教育部门与教育工作者的大力支持与帮助，在此一并表示感谢！

教育事业是全社会共同的事业，本丛书的出版一方面希望能对广大教育工作者有所帮助，共飨先进成果；另一方面也是抛砖引玉，希望更多的教育工作者参与到出版创作中来，百家争鸣、百花齐放，为促进教育事业的发展共同努力！

目　录

"教育思想者"丛书总序

"莫斯科不相信眼泪"

边走边读——教师也有自己的性格

边走边忆——让教师感动的瞬间

边走边喊——我们需要什么样的教育

"教育思想者"丛书总序

　　提出"教育思想者"的概念，当然不是要求教师都是思想家，因为教师的本职是传授知识，而不是发现新知。

　　我们是在两个意义上说教师必须是一个思想者的。首先，教师应该是一个具有独立思想、独立人格、独立思考和理性判断力的"人"。其次，他对于世界、人生、社会，特别是对于所从事的教育事业，应该有自己的认识和见解，并且有独立的承担。这两个要求，前者是基本的，后者则是更高层次的。

　　我在 2000 年就说过："中国的教育有没有希望，中国的语文教育能否真正体现人文精神，一个重要方面，就是看是否拥有大批的'有思想的教师'；而中国的教育，中国的语文教育之所以需要改革，一个重要原因，也在于现行教育体制在某些方面首先束缚了教师的思想，不容或不利于'有思想的教师'的发展，当然也就很难培养出真正有独立思想、独立人格的学生。因此，我认为，教育改革（也包括语文教育改革）应该是一次思想解放运动，首先在教育体制上给教师、学生以较大的自主权，让他们真正成为教育的主人，把教与学的主动权掌握在自己手中；同时也追求思想的解放，创造最广阔、自由的精神空间。——这是我们的理想，是我们的奋斗目标。"（《语文教育门外谈》，相濡以沫（二））

　　以后近十年的课程改革，虽然有许多不尽人意之处，但也确实为有思想有追求的老师提供了一定的空间；而网络的出现，更是为教师中思想者的成长、聚集，开辟了一个新的天地。于是，民间教育思想者的出现，就成了近年来最重要的中国教育事件，并已经为中国教育的发展和改革提供了新的活力和新的可能性。正像我在很多文章里反复强调的那样，这些民间教育思想者本应成为教育改革的中坚力量，但他们在实际的教育生活中却处于被漠视、被排斥和边缘化的地位。这是当下中国教育改革的巨大矛盾，也是我们必须面对与解决的问题。

正是在这样的背景下，我们编辑、出版这套《教育思想者丛书》，就是要为这些年陆续涌现的民间教育思想者提供一个"发出自己的声音"的园地，向社会和中国教育界显示他们的独立存在，希望有更多的有识之士认识到他们存在的意义和价值，关心他们的发展和成长。

我们认为，这不仅关系着教育的平等与民主，而且关系着我们应该怎样观察中国的社会和中国的教育。

鲁迅早就说过，要真正认识中国，必须"自己去看地底下"。（《中国人失掉自信力了吗》）

不了解中国的底层教育，听不到底层教师的声音，同样无法真正认识中国的教育。

那里有真实的中国教育问题，因为边远，就更加赤裸裸，较少掩盖遮蔽，那黑色的真实，或许更容易使我们警醒。

那里更有真正的教育智慧，因为产生于艰难的挣扎之中，就弥足珍贵。因为更近于本土本色，或许就会萌生新的教育因子。

最重要的是，那里的教师是鲁迅最为赞赏的"埋头苦干的人""拼命硬干的人"，那才是中国教育的"筋骨和脊梁"。（《中国人失掉自信力了吗》）

钱理群

"莫斯科不相信眼泪"

读夏昆老师的教育随笔，首先注意到的自然是字里行间无处不在的调侃与幽默，用夏昆老师自己的话来说，就是"刁民"的尖刻的眼光和尖刻的语言。

我更注目与关心的，是其背后的不可多得的清醒与独立。这其实是夏老师自己所要强调的："保持清醒和独立，是我的生命，也是我的骄傲。"

在我看来，最能体现夏昆老师的清醒和独立，也是最引起我共鸣的，是他的两个观点："别人觉得最正常的东西往往是最值得思考的。""每一种思潮都有其内在的合理性，另一方面，也存在其学术上的致命伤。"前者说的是一种"于不可疑处生疑"的怀疑主义的思维方式，后者则涉及如何看待与对待"时代思潮（思想、文化、学术、教育思潮）"的问题。这也是我曾经关注过的，并有过一个论述，姑且抄录于下，算是对夏昆老师的观点的一个阐释和发挥吧——

"在学术发展过程中，某种学术观点与方法的追求得到相当一部分人的响应，就往往形成一种学术潮流。对此是应该做具体分析的：有的是出于政治、商业的目的的炒作，名曰'学术新潮'，不过是'学术泡沫'，能否识别并进行抵制，这对学者的学术眼光与学术良知都是一个考验。但更多的学术潮流是出于严肃的学术追求，一般说来，能够成为潮流，自然有其历史的合理性，而且往往会在某一方面对现有研究格局有所突破，但同时也就必然会有所遮蔽，或者说会形成某种陷阱。对于一个学者，能否既从这样的学术新潮中吸取新的创造力和想象力，以丰富和发展自己的研究，同时又能够对其可能产生的遮蔽、盲点与问题有所警惕，保持某种清醒，既不盲目拒斥，又不盲目跟风，这是需要学术判断力、逆向思维的能力与学术独立自主性的。这恰恰是我们许多研究者所欠缺的，因此常常为各种潮流（如前文所说，其中有许多不过是'泡沫'

而已）所眩惑，陷入了盲目性。"（《学术研究的清醒与坚守》，收录于《那里有一方心灵的净土》，中国文联出版社，2008年出版）

我讨论的是学术研究的新思潮，夏昆老师面对的是教育新思潮，我们的态度和立场却是这样的一致，这大概是"心有灵犀一点通"吧。

正如夏昆老师所说，这些年教育新潮可谓多矣。他随便列举，就有教育经济主义、教育科技主义、教育个性化、爱心教育、民主教育、成功教育、互动教育、学生主体论，还有层出不穷的"教育关键词"，诸如"平等""敬业""师德""义务""新课标""改革"等。夏昆老师并不否认这些教育新潮流、新观念、新概念的提出是针对教育的许多弊端和问题的，因而其本身是具有一定的合理性的。我们从夏昆老师自己的教学实践，特别是班主任工作的实践中，都可以看出他是从这些新潮流、新观念中吸取了不少滋养，也许在别人眼里，夏昆老师就是一位教育新潮中的人物。这都是应该没有问题的。

夏昆老师的独特处，就在于他身处潮流中而保持清醒。特别是当一些新潮流的鼓动者将这些合理性绝对化，推向极端，无限放大，成为强制推行的"教育改革目标、方向"，进而弄得一线老师无所适从，夏昆老师就开始质疑，并慨然宣布：我不相信——

"我不相信某个名师的方法可以放之四海而皆准；

我不相信某个被人推崇的理论完美得无懈可击；

我不相信某个潮流就可以代表教育的终极目标；

我不相信台上某个慷慨陈词的专家自己相信自己的学说；

我不相信来自官方的评价就是教师的立身之本。"

由此想起了一部苏联电影的名字《莫斯科不相信眼泪》。夏昆老师却自我调侃说："这是'蜀犬吠日'。"

在我看来，这是一次新的思想解放，即从非此即彼、非白即黑的二元对立思维和将具有相对合理性的思想终结化的绝对主义思维束缚下解放出来。

夏昆老师说："要警惕地保持着自己的距离。"保持距离，如前所说，并不是保守，拒绝吸取新养料，而是要保持自己的独立理性判断力和独立自主性。直白地说，就是把教育的权利掌握在自己手里。

这在当下中国的教育界，特别是对于绝大多数中小学教师来说，更是十分的不易和难得。在实际生活中，盲目跟风成了普遍的选择，而且已经造成了中国教育的混乱，产生了严重的后果。而新思潮本身也因此而变质，出现了"播下的是龙种，却收获了跳蚤"的悲剧。

夏昆老师说："当教育放弃了自己的原则和阵地，成为专家的信徒、家长的替身、学生的弄臣的时候，教育丧失的，已经不仅是斯文了。"教育独立性的全面丧失，是让一切教育中人，一切关心中国教育的人们，不能不悚然而思的。

但这样的质疑和反思，是很容易被视为虚无主义的。据夏昆老师说，也确实有朋友向他提出这样的忠告，这也可以说是怀疑主义者所要警惕的一个陷阱吧。

于是，我注意到，并且要强调：夏昆老师和他的朋友，既有基于独立思考的"我不相信"，更有基于教育信念的"我要坚守"。而且这样的坚守，并不完全体现在，或不主要体现在他们的理论宣言上，而是渗透于具体的教育实践中的。这是一群极具教育活力、创造力的"永远都走在路上"的教育行动者，他们把自己的教育信念、理念化作日常教育伦理和实践，又反过来用自己实践的成功，来证明、发展自己的教育信念和理念，为实现自己的教育理想和孩子们的健康发展寻找一个空间。

在这个意义上，本书大量收入的班主任工作随笔，也许是更值得注意的。这都是一个个具体生动的教育故事，很少理论分析，却有着更为丰富的含量，不同的读者都可以从中找到自己的阐释空间，得到不同的启示。我所关注的，是这些教育行为背后的教育理念和实践逻辑。

应该说，夏昆老师和他的朋友的教育活动，和所有的任课老师、班主任老师的一样，都是十分琐细的。他们面对的是一个个具体的学生，一个个具体的教育问题和事件，而且大多数问题和事件都是突发的，是无法预计和预作准备而要做出即刻反应的。这样，就要求他们必须把自己的教育理想、信念、观念，内化为近乎生命本能的东西。在我看来，体现在夏昆老师和他的朋友身上的这样的教育本能，主要是三大教育底线：一是培养能自省的觉醒了的公民；二是以对生命的敬畏来对待学生，同时教育学生尊重他人的生命；三是带着自己独特的生命形式进入教育。我理解，夏昆老师把自己的教育随笔命名为《率性教书》，就包含了这样的意思。

而教育实践，它是自有不完全相同于思想的逻辑的。其前提也是一种清醒。夏昆老师说得很好："我不愿意做这样的老师，以为教育可以替代一切，以为自己可以做到所有。我会承认，有很多我没有教好的学生，更有许多我教不好的学生。个人的力量总是很微弱的，只要我无愧于心，就可以坦然面对了。"这是我们必须面对的三大局限：教育本身的局限，教师个人的局限，以及在中国教育体制下的中国教师的局限。清醒于这样的局限，我们在进行教育实践时，就不仅要清楚自己"要坚持什么"，还要懂得自己"现在（在现实条件下）能做什么，不能做什么"以及"以后（经过争取，现实条件改变以后）能做什么，还是不能做的是什么"。这也形成了自我约束和自我限制，既不能超越了现实可能性去做我们力所不及的事，也不能对一个普通教师的作用有过高的估计和期待。也就是说，我们既要坚持自己的教育原则和独立性，又要有清醒的自我限度意识，既要保持自我主体性，又要保持自我调节的功能。这就意味着，如果说思想者强调的是理想，实践者就更要注意现实条件；思想者要求彻底，实践者就不能拒绝妥协。

由此产生的，是教育实践者必须具备的品质：除了懂得必要的妥协并善于掌握妥协的"度"（过与不及都不行）外，特别需要有教育的智慧，以及坚持点点滴滴地改变、"慢而不息"的韧性精神。我在夏昆老师的班主任随笔里所感受的，就是这样的以教育思想为底气的教育实践者的可贵品质和精神。

这样，我们也就终于明白：贯穿本书的调侃、幽默，包括所谓"刁民"的尖刻，都是一种教育智慧，是鲁迅所倡导的韧性战斗：自己择定一个目标来履行，"与其不饮不食的履行七日或痛哭流涕的履行一□，倒不如也看书也履行至五年，或者也看戏也履行至十年，或者也寻异性朋友也履行至五十年，或者也讲情话也履行至一百年"。（《补白》）

中国的立志教育改革的思想者、实践者们，做好了这样的履行五年、十年、五十年、一百年的准备，并拥有足够的教育智慧了吗？

钱理群

2009 年 8 月 13 日

边走边读

——教师也有自己的性格

我 不愿做这样的老师

　　我不愿做这样的老师，以为学生的成绩就是学生的一切。我会告诉他们，人生其实很长，每个阶段的要求都不一样，即使现在成绩不好，只要你能好好做一个人，你就会获得很多。

　　我不愿做这样的老师，看见学生没有按照自己的意图办，就"恨铁不成钢"。我会告诉自己，铁就是铁，为什么一定要把它变成钢？除了钢和铁之外，还有金、银、铜、锡、铅。只要他们能活出自己的精彩，这世界就会精彩。

　　我不愿做这样的老师，除了教材教参之外几乎不看别的书，除了上班上课之外几乎找不到其他的事情做。我会告诉自己，想学写诗的人，诗歌之外的功夫其实更重要。我还会告诉自己，世界其实很精彩，不要让自己的世界变成灰色。

　　我不愿做这样的老师，以为教材就是真理的代表，更不允许学生对课本提出疑问。我会告诉孩子们，鲁迅尽管深刻，但是我不喜欢他的刻薄；莫泊桑的《项链》其实并不是要揭露某某阶级的虚伪，只是想告诉我们人生中充满了偶然。

　　我不愿做这样的老师，以为老师的价值所在就是一贯正确。当学生在课堂上当面指出我的错误时，我会当着所有学生的面向他表示感谢，然后下课之后告诉他不是每个人或者每个老师都能接受他的做法，所以以后要慎重一些，但是我仍然十分感谢他。

　　我不愿做这样的老师，不顾一切地占用学生的时间，恨不得他们睡觉都

梦到上我的课。我会告诉自己，不管是在时间还是在空间上，我教的专业对于学生来说都只是很小的一个部分，他们需要的是整个世界，我应该给他们开一扇窗户。

我不愿做这样的老师，以为教育可以替代一切，以为自己可以做到所有。我会承认，有很多我没有教好的学生，更有很多我教不好的学生。个人的力量总是很微弱的，只要我无愧于心，就可以坦然面对了。

我不愿做这样的老师，当要被迫传达来自上层的不合理要求的时候，违心地替这些不公平作解释。我会如实地告诉学生，我抗争过，但是我的力量很有限。我还会告诉他们，生活中的确有很多的不公和无奈，但是我们仍然要尽量去做个好人。

我不愿做这样的老师，以为老师就是"奉献"的代名词。我知道我的工作需要付出爱和努力，但是教师的工作在本质上与其他的工作并无不同。我只是一个普通的劳动者，我也要挣钱吃饭、养家糊口。我拥有神圣的法律赋予我的权利，正如我同样拥有法律赋予我的义务，我有权拒绝来自权威的任何额外的说教和要求，即使最后我无法抗拒，但是至少我抗拒过。

我不愿做这样的老师，面对工作的时候就毅然放弃家庭，为了学生而置自己的孩子于不顾。我会告诉自己，一个连自己亲人都不爱的人，他的爱实际上是虚伪的。我不能一边是桃李满天下，一边是使自己爱和爱自己的亲人受到伤害。我知道我是老师，但是我也知道在这之前我首先是一个丈夫、一个父亲。

我不愿做这样的老师，为了工作就毅然放弃自己，任意糟蹋父母留给自己的身体，为了工作无原则地戕害自己，最后只留下"英年早逝"的遗憾和亲人无尽的悲哀。我会告诉自己，人的生命只有一次，如此的珍贵，如此的多彩，在多彩的生命中，工作只是其中的一个部分，要走出工作的牢笼，走入多彩的生活，人生本来已经有很多无奈，所以我们更应该珍惜生命。

虽然很多时候，我仍然自觉不自觉地去做这些我不愿意做的事情，但是我想，即使我不能完全抗拒，但是，只要我和我的朋友们曾经这样做过，哪怕几次，中国的教育也许会有更民主、更科学、更光明的未来。

背着吉他当老师

1992 年，我师范大学本科毕业，就面临了人生第一次重大的抉择：到底是服从分配当老师，还是扔下工作，背起吉他去做音乐？

直到现在，有时候我都还在假设：如果当时我没有当老师而是丢了工作去当音乐人，现在的我会是什么样子？我甚至想，如果我毕业时间再推迟 5 年，也许我真的会不当老师而自谋职业的，因为那时候大环境已经不太一样了。可惜历史是不能假设的，在 1992 年的大学校园，"拒绝分配"这样的词在词典上根本不存在。

其实，我对我能否成为一名好老师是一点把握都没有的。我的性格中有太多不适合当老师的东西：不喜欢按照时间表上班，不喜欢考试，不喜欢折磨学生，记不住别人的名字，字写得极臭……可是，派遣证拿到之后，我还是乖乖地到指定的地方去报到了。

对音乐的热爱大概是童年的时候种下的种子，在上个世纪艺术极度贫乏的 70 年代，我父亲自己组装了一台电唱机，还不知道从哪里淘来了贝多芬、莫扎特、柴可夫斯基、德沃夏克等人的一大堆古典音乐唱片。那台唱机就是我童年时代的旋转木马，唱盘每旋转一圈，也配合上了我成长的年轮。后来，长大了，学了乐器，参加了几个乐队，当过键盘手、歌手、吉他手、贝司手、鼓手，听了崔健、"唐朝"乐队、"黑豹"乐队和"指南针"乐队的音乐，于是梦想着有一天自己也能成为一名摇滚乐手。可是，我还是在这校园的四面围墙中，独自弹着自己的吉他。

大学时的吉他在还没毕业时就摔坏了，工作两个月之后，借钱买了把新

的。那时候，学校的工作很清闲，没有晚自习，也没有补课，于是，就有一帮孩子吵着要跟我学吉他，其中有几个还真学了一两个月，不过后来都没有下文，然后我就发觉，我和学生之间越来越亲近了。一个学期结束，副校长对我班上学生的成绩之优异感到很惊奇，问我秘诀，我不假思索地说："大概是因为他们喜欢我吧。"副校长深以为然，还在全校大会上把这作为经验向老师们介绍。

受到校长的表扬，我似乎并没有什么太得意的，因为我盘算着什么时候散会，我好赶到乐队去，继续当我的鼓手。后来，我们的乐队解散了，我终于发觉，我仍然是一个老师，而不是我梦想的乐手。

但是，学生却把我当成了一个乐手老师，在学校搞活动的时候，我就成了老师乐手。我发现认识我的学生越来越多，很多都是别的班级的，可是我连自己班级的学生都认识不全，所以他们叫我的时候，我只能含糊地回答一声了事。

也就在这时候，我开始思考我从事了几年的职业，思考学生为什么喜欢我。我得出的结论是：因为我喜欢学生，我还有他们喜欢的吉他和音乐。于是我进一步思考：吉他和音乐对我来说，到底意味着什么？对此，我的回答是很明确的：音乐就是我的第二生命！古典音乐是我的魂，她让我知道，这世界上什么才是真善美；摇滚乐是我的血，失真效果器尖利的鸣叫和雷霆般的鼓声，让我知道我还活着，我应该更坚强地活，更激情地活。

这时候我突然发现，以前我只是把音乐当成一种征服和走近学生的手段，其目的是为了让他们喜欢我，从而喜欢听我上的课。虽然"亲其师，信其道"也算是不易的真理，但是这样做似乎总有点不厚道的感觉。难道音乐就真的比学业次要吗？回想我走过的路，我忘记了很多课堂上的知识，却忘不了我的吉他。在我人生最艰难的时候，挽救我的不是"之乎者也"和"XYZ"，而是我的音乐。这时候我觉得，再让我的音乐为了某个功利目的而沦为帮手，是我最不能接受的。那时候觉得孩子们就像我的好朋友一样，好朋友之间，有了好东西当然是应该分享的。而音乐就是这个好东西。

记得那时候每周有一个下午，有一节自习课，我凭借班主任的职权，"蛮横"地把这节课霸占了，那时候，就是我和孩子们的天堂。最早的音乐鉴赏是我教他们唱英语歌，那时候的想法也是有些功利的：这样既能激发他们对音乐的兴趣，又能帮助他们学习英语，而且歌曲入手比较简单，估计孩子们兴趣也比较大。事实证明我的想法是正确的，当几首英语歌教完之后，我再循序渐进地给孩子们讲古典音乐，从《春江花月夜》到《动物狂欢节》，从《梁山伯与祝英台》到《1812 序曲》，从贝多芬的《"命运"交响曲》到德沃夏克的《自新大陆交响曲》，从柴可夫斯基的《天鹅湖》到他的《意大利随想曲》……从中国的讲到外国的，从形象的讲到抽象的，从短小的讲到长篇的。于是，就有学生找我借磁带了，就有学生叫家长买古典音乐的磁带了。于是，我每届学生毕业时，就是我的资料遭受重大损失的时候，因为总是有孩子借了我的东西忘记了还。我不知道他（她）在很久以后从自己的行囊里翻出那些磁带的时候，会不会想起高中时一个姓夏的语文老师，还有那个语文老师"不务正业"教他们音乐欣赏的那些日子。那是 1998 年。

10 年了，音乐欣赏的器材从最初的单卡录音机，到后面的 VCD，再到后来的 DVD，然后到 U 盘，到 MP3，到网络，工具在不断变化，不断进步。但是曲目变化却很少，因为那些大师，那些经典，是经过无数岁月的淘洗，穿越尘封的时间和广阔的空间来到我们面前的，人生不朽，艺术就不朽，音乐就不朽。

10 年了，我也经历过学生的不理解，曾经有孩子在我讲音乐的时候在下面玩手机、发短信，也有很多孩子心疼珍贵的时间，于是在下面看课本，做作业。而有些孩子，干脆就睡着了。有时候我会提醒一下，但更多的时候我没有过分要求，我想，一切都是缘分，当他们应该与音乐结缘的时候，自然会结缘的。我没有必要要求每个学生都喜欢音乐，正如我无法要求每个学生都喜欢语文。我告诉学生："我只是为你们打开一扇窗，让你们知道这世界上还有很多其他的风景，至于你是否喜欢这风景，我无法强求，但是我还是得告诉你，这风景很美，如果你的人生有了它，人生会更加精彩。"

而更多的不理解是来自于学校和家长，曾经有领导找我谈话，说我在课堂上宣扬"考试成绩好不好无所谓，只要会弹吉他，会音乐，有特长就可以了"。其实我再狭隘也不至于说出这样的蠢话，但是现在想来，难道音乐真的就不如学习重要吗？在灵魂与知识之间选择，我们应该选择哪个呢？可惜，关于灵魂的事情，对于我们凡夫俗子来说，实在太玄了。不过我也就成了学校里最"不务正业"的一个老师了。于是就有领导或者很亲密的朋友善意地劝告我："你还是不要玩那些了，工作也要抓起来。"我笑，因为在我的词典里面，"工作"的解释与有些人是不一样的。我坚信，人不是为了成绩册上那几个愚蠢的阿拉伯数字而活着的。即使我做的事情会被别人认为是不务正业，但是我还是要把学生当人看，我相信有些东西是可以超越这教室的四面墙，穿越高中的三年时光，而陪伴学生一生的。在那同时，我也开始了我的另一个尝试：让学生登台为大家鉴赏诗歌。

诗词鉴赏，是源于1998年时候的一个"错误"。那时候我跟很多老师一样，也在课前搞5分钟演讲，让学生上台，想讲什么就讲什么，没有任何要求。可是有一天，我很清楚地记得，是张颖，上来讲了一首诗，是孟郊的《游子吟》，那次他讲得很好，同学们用雷鸣般的掌声作为对他的回报。于是我突然想，能不能把漫无目的的演讲改为指向性明确的诗词鉴赏呢？最初，我是没有这个把握的，因为我想象不出，连背课文都经常出错的孩子们，能够自己上来为大家介绍诗词。但是我还是决定尝试，而尝试的结果出乎我的预料：甚至是平常看来最不起眼的孩子，都经常能在诗词鉴赏中给我、给大家带来惊喜。记得98届有一个孩子，成绩很差，行为习惯也不是很好。那次他上台之后，在黑板上写了一首现代诗，没有写作者，可惜当时我没有抄下来，但是记得那首诗写得很有味道，功力不凡。孩子讲完之后，笑着对大家说："这首诗没有写作者，大家知道是为什么吗？因为作者就是我。"那一瞬间，我和孩子们都惊呆了，然后爆发出一阵热烈的掌声。我想象不出，这个几乎每科都挂红灯的孩子，居然有这样的灵气，有这样的才华。

在盐外的时候，一天，几个孩子找到我说："夏老师，我们想几个人合作讲一首诗。"那时我作为老师的劣根性暴露无遗，首先就开始无端怀疑孩子的动机："你们是不是想偷懒啊？"孩子们说不是，说他们有他们的想法，我带着怀疑同意了。到他们讲的时候我才知道，他们是鉴赏泰戈尔的一首诗，几个孩子事先根据这首诗排练了一个诗歌剧，没有舞台，只有讲台，没有服装、道具，没有化妆，只有孩子认真而传神的表演，我一边钦佩，一边自责：这些孩子让我看到了，当人认真投入的时候，能够出现多少精彩，多少奇迹！

诗歌鉴赏刚刚开始的时候，我的想法也是很功利的，主要是想学生多接触诗歌，为高考的诗歌鉴赏以及作文做准备。可是现在，我的想法已经有了一些变化：人生如果有美的东西相伴，不管这美是音乐还是诗歌，是绘画还是舞蹈，那么，人生都会因此而更精彩。如果毕业以后的学生回忆高中的时候，能够想起那么多美丽和温馨的瞬间，那就是我最大的成功。

事实上，这些尝试带给我最大的财富，是让我去思考教育，或者是思考我的教育。10多年了，我那些不适合当老师的缺点基本都没有改变：字依然写得很臭，题依然不喜欢做，学生的名字依然记不住。这些缺点大概到退休

的时候也改不了，但是我相信，我拥有我自己的教育天赋：我热爱我的学生，我热爱音乐，热爱文学，我愿意与孩子们共享我的这些财富，在这共享中，与孩子们一起成长。

10多年来，我在各级报刊上发表了上百篇文章。2007年，我的课例《晏子辞千金》刊登在《人民教育》上，引起了较大的轰动。2008年，我出版了自己的第一本专著《唐诗的江山》，另外几本专著也将于近期推出。而更让我自豪的是，当我的学生考上大学时，他们记忆中的高中生活不是刻板单调和灰色的，而是五彩缤纷的，他们的高中生活有音乐的斑斓，有诗词的灵动，有文学的深邃，还有生命的流淌。

有些东西是无法让人一下子理解和接受的，不管是学生，还是领导，或者家长，但是我坚信，有些东西是不可或缺的。我们之所以忽视一些东西，是因为在这个"鄙俗的物质主义"（罗曼·罗兰语）的社会里，我们对心灵关注得太少，不管是别人的，还是自己的。

就这样，一意孤行地走下去吧，我不想在乎学校和家长是否会把我当做"不负责任"的老师，也可以在一定范围内承受平均分、排名等给我带来的负面影响，我不在乎谁对我会怎么看，因为当我选择了这条路之后，我肯定会一意孤行下去。我已经做了10年，至少还会再做10年，也许20年，也许30年，直到有那么一天，我再也不能做了，我就躺在摇椅上，听摇滚，听古典音乐，看诗歌，如同我年轻时的那些时光。

教师真正的绝活——读书

在很多老师和学生眼里，我大概是属于那种有"绝活"的老师吧，可是我的"绝活"到底是什么，好像大家的观点并不一致。刚参加工作的时候，有学生叫我吉他老师，因为我爱弹吉他，甚至直到现在都还在带学生。可是不久，又有学生叫我鼓手老师了，因为他们知道我一直在乐队担任鼓手。从1998年开始，我又给学生上音乐鉴赏课，也许因为经常不拘小节，又有人叫我艺术家老师。每到高二的时候，我又给学生上电影欣赏课，不知道有没有人会叫我导演老师……弄来弄去，仿佛教书已经只是我的副业了，于是索性我自称是最"不务正业"的老师。

不过我私下里认为，教师能够将自己的业余爱好与工作联系起来固然很好，但是这并不是做好教育的基础，一个教师，如果有绝活的话，这绝活必然是植根于自己专业之上的真正的绝活，必然是教育教学的绝活。所以，我并不认同人家给我的这些评价。我想，如果我真的有什么绝活的话，应该是我在近10年的时间里阅读"二十四史"吧。而提起这件事，我就会想起一位对我影响深远的老教师——何瑞基老师。

1. 我看他就像唐弢看鲁迅

我刚来的时候，一位老教师给全校所有的语文老师排了一个名次，我名列倒数第二。生存的困境迫使我开始关注教学，更准确地说是关注考试。也就在这时，我有了一次重要的相遇，这直接改变了我以后的职业生涯。这个相遇就是我有幸遇到了何瑞基老师。

何老师是我们学校一位极具传奇色彩的大侠式的老师，关于他有很多传

说。有人说他学历很低，只是初中毕业，但是却是我们学校最厉害的老师。大家说他上课从来不看课本，有些课文甚至根本不教，有时候又拿一些课外的东西甚至自己的文章当课文教学生，这在当时是匪夷所思的，可是他的课却最受学生欢迎。人们都说他上课极其精彩，有时候一周时间只讲一个字，但是所有的知识却由这个字生发开来，遍及其余，可见他功力极其深厚。大家的介绍让我对何老师充满了崇敬，更充满了好奇。我心里想，如果有一天我也能像他那样旁征博引、挥洒自如地上课该有多好！于是萌动了想向何老师请教的想法。可是别人的一句话又给了我当头一棒："何老师这个人水平很高，但是脾气很大。从来不参加学校的任何会议，不参加教研活动，不交任何报表，不听任何人的课，也拒绝任何人听自己的课。据说有一次校长想走进他的教室，居然都被他轰出来了。"我一听心里凉了半截：他对校长尚且如此，何况对我这20多岁初出茅庐的年轻教师呢？因此，尽管内心很想向何老师请教，但是却一直不敢向他提出，直到有一天，我们在学校图书馆不期而遇。

那天图书馆一如既往地人烟稀少，除了图书管理员之外，就只有我们两个人。我主动向何老师打招呼，他很热情地回应："嗯，小夏老师，我刚才在看你的借书目录，看来你很喜欢看书，书的品味也不低，不错啊！"得到这样的评价，我受宠若惊，于是就借此机会与何老师聊了起来，几句话下来，发觉居然我们还颇投机，我趁机提出想到他家里登门拜访求教的事情，何老师也很爽快地答应了。

那一刻我已经无法形容自己的高兴与激动：长久以来想向何老师请教的愿望居然今天这么轻轻松松地就要变成现实了，这是我以前无论如何都想不到的。然后又觉得奇怪：何老师似乎并不像别人说的那样脾气古怪难以接近啊。后来看《琐忆》，发觉那时候我看何老师颇像唐弢看鲁迅，从听信人言觉得他古怪傲慢到走近他知道他的平易近人与真诚，我们的经历竟然如出一辙。

为了这次期待已久的拜访，我做了很多准备，包括准备了见面礼。我去买了一套四本庞朴主编的《中国儒学》，这套书我买过一套，看过，觉得很受启发，于是特意挑选来作为礼物送给何老师。这是我工作以来第一次把书作为礼物送人，原因很简单，好书很多，但是值得用好书来送的人却很少。

2. 唯一的捷径就是读书

每个有我这样经历的年轻教师想必都能理解我当时的心态。作为一个无水平、无资本、无成绩的"三无"老师，最迫切的愿望就是能够在短时间内迅速提高自己的教学水平，也就是提高学生的考试分数，争取在学校站稳脚跟。更期望的是老教师能够把自己的"绝世秘籍"毫无保留地传授给自己，就像武侠小说里高手打通后辈的任督二脉一样，让自己轻轻松松地变成高手，从此称雄武林。至少当时我是抱着这样的心态去拜访何老师的，所以我向他提出的第一个问题就是：要把书教好，有什么捷径吗？而何老师的一句话让我醍醐灌顶，同时又感觉愧不可当："有什么捷径？唯一的捷径就是读书！"

何老师告诉我，他的确是初中毕业，甚至在工作几十年后，临近退休，他还是二级教师。当然我也知道，全校上下从校长到学生，没有哪个不对他这个二级教师佩服得五体投地。

"为什么？因为我读书而他们不读！"老先生表现出与他的年纪似乎不相称的激动。多年之后，这种激动我在李镇西、王晓春、张文质、宋大儒等长者身上也多次见到过。"现在是校长要求教师读书，你看有几个校长在读书？教师要求学生读书，又有几个教师自己在读书？这简直是笑话！"老先生越说越激动。何老师告诉我，多年来，他从不打麻将，很少参与应酬，所有的业余时间几乎都用在阅读上。

"作为一个教师，身上没有一点书卷气，就没有了当老师的底气，怎么能叫教师！"何老师告诉我，他经常到学校图书馆翻看老师们的借书目录，可是结果也让人遗憾。"本来借书的人就不多，但是大多数人借的不是《知音》、《家庭》这类消闲杂志，就是教辅资料。读书的品味实在太低！"老先生说着说着又激动起来了。

"那您看我应该看什么书呢？"我终于抓住机会，提出了我最想提出的问题。何老师把我看了半天，几乎是一字一顿地说："我觉得你应该看'二十四史'。"

我知道"二十四史"是从《史记》到《明史》的二十四部史书，共3249卷，4000万字。可是我一个语文老师，花这么大精力去看历史著作有用吗？我把疑惑告诉了何老师。他说："肯定会有用，任何知识都是有根的，而文史不分家，很多文学知识其实就植根于历史中。同时，语文老师看原版史书，对自己文言文功底的提高很有帮助。"

从何老师家出来，我心里既激动又忐忑：激动的是终于实现了长久以来的愿望，能请何老师当面给我以指导；忐忑的是"二十四史"如此浩繁，我能够完成这个任务吗？

可是既然虚心求教，就绝无将何老师的教诲抛之脑后的道理。当然，我一个月数百元的工资是无法购买"二十四史"的，于是我决定用电脑看。我买到了超星光盘图书馆的"二十五史"光盘，这套光盘收录了"二十四史"里所有的本纪和部分列传，虽然不是很齐，但是至少可以先将就着看。我给自己定的目标是每天至少看一卷。为了强制自己，我在当时使用的Windows98系统上设置了一个预定任务，每天晚上8点，不管我是在听音乐，还是看电视或者打游戏，系统就自动打开"二十四史"阅读系统，天天如此，从不间断。

读了书，自然有些体会和想法，最早的时候，我就把体会和想法记在电脑上。那时候还没上网，后来遇到电脑系统崩溃，我辛辛苦苦的读书笔记全部化为乌有，气得我七窍生烟却又无可奈何。于是，后来我就学聪明了，专门买了笔记本来做摘抄和笔记。很多年过去了，那些笔记本已经残破不堪，但是现在翻出来，还可以清晰地看到那时候我的阅读历程。

2000年的时候，我已经读完了《史记》、《汉书》、《后汉书》、《三国志》、《晋书》、《北史》，开始读《南史》，读完这几部史书的直接结果是超星的图书光盘读坏了3套（每套两张光盘），这时候依稀觉得这样的阅读给了我前所未有的充实感。正好那时第3套光盘读坏了，又没买到新的光盘，我干脆设法去借了一套《汉书》，再次重读。后来，在学校图书馆一个蛛网密布的储藏室里，我居然发现了大半套中华书局版的"二十四史"，包括《南史》、《北史》、《隋书》、新旧《唐书》、新旧《五代史》、《宋史》、《元史》、《明史》。管理员老师说这是学校准备当废纸卖的，我想买下来，他居然不同意，想借，他却说这是工具书不能外借！有时候事情就是这么可笑，有些东西某些人宁愿让它烂掉也不提供给真正喜欢和需要它的人。后来校长禁不住我的软磨硬泡，终于勉强答应给我开条子，允许我把那些从来就没有人借过、早已布满灰尘的宝贝借出来了。老师们看着我端着一米多高的竖行本古书兴高采烈地回家，皆莫名惊诧。

读书怎能不让人兴高采烈呢？古人有苏舜钦"《汉书》下酒"的典故。在这些发黄的史册中漫游，检视前人的盛衰荣辱、悲欢离合，看历史大舞台上或英雄或小人、或坦荡或猥琐的表演，每每让人掩卷浩叹，陷入沉思：

《北史·儒林传》中马敬德被封仪同，沾沾自喜，其弟子夸耀："孔子都没被封仪同，先生比孔子还伟大！"小人得志，跃然纸上。

《南史》载陶渊明给儿子写信，谆谆告诫儿子善待仆役，让人看到了这个隐士的另一面：对普通人的真诚关心。

《旧唐书》载韩愈在一片佛号声中挺身而出，不顾自身安危，直斥皇帝佞佛，其气宇轩昂，千载之下，仍令人歆歃。

《旧唐书》载苏味道做事模棱两可，活脱脱勾勒出所谓中国人不顾原则、以不得罪人为上的安身立命之道。

······

有人说，读书就是坐冷板凳。这个观点我只同意一部分。板凳也许是冷的，但是读书的心却一直是热的。

3. 读史让我找到语文的根

在何老师的指导下，我从1998年开始阅读"二十四史"，随着阅读的深入，我越来越深地体会到何老师当初告诉我的那句话：语文的根就扎在历史中。当我在2005年开始读《宋史》的时候，我明显感觉到以前学过的很多散乱的知识现在凭借着历史的线被串在一起，或者更确切地说，历史像一棵根深叶茂的大树，而所有的语文知识都能在这棵树上找到自己合适的位置。而一旦它们找到了自己的位置，它们就不再是孤立静止的一点，而是随着这棵大树的生长而生长，随着它的壮大而壮大。

我的学生告诉我，他们刚上我的课的时候，每每惊讶于我上课时对与课文有关的知识如数家珍，旁征博引，娓娓道来，经常一节课下来，连书都没有翻开，但是一切却了然于胸，毫厘不爽。这并非我故意炫技，真正的原因是在阅读了这么多原始史料之后，我已经将课本的知识还原到了它们在历史中的本来位置上，而这棵历史之树又是有机联系的，牵一发而动全身，举一反三，触类旁通，因此我的课既立足于课堂，又放飞于课外。而长期大量的阅读更使我对文本的理解和领悟能力上了一个新的台阶，对一些课文中传统的观点也有了自己的视角和看法。10余年来，我陆陆续续写下了10余万字的读史笔记，结集成书，定名为《一本不正经》，准备出版。而读史更使我在另一个爱好——诗词上有了本质性的进步。2008年，我出版了我的第一本专著《唐诗的江山》，这本书"以唐诗发展的轨迹为线索，突破传统，对唐诗进行知识性解读。作者从诗人的经历、创伤、影响等角度，以品评的口吻对每个诗人进行中肯而不失趣味的介绍，撩起经典的面纱，让诗人从诗中走出来，走进我们的生活（摘自新浪读书频道对拙著的介绍）"。紧接着，我又写作了 10 余万字的《宋词的家园》，作为《唐诗的江山》的姊妹篇，目前也准备出版。与这些收获相比，文言文水平的所谓提高都成为阅读的副产品，实在不值一提了。

当学生时，读到培根的名言"读史使人明智"，那时候对这句话还将信将疑，可是 10 多年来，我通过自己的切身体会证明了，读史的确能使人明智，更能使人博大，使人清醒。很多朋友也问我："你读了'二十四史'，那些东西你都能记住吗？"我的回答是：当然不能。其实读任何书，其本质目的都不见得是机械地记住某些东西，而是在书香中浸润、渐染。用何老师的话来说，就是成为一个有书卷气的教师。在这个层面上，读书不仅是一种活动，更是一种姿态，一种生存方式，所以，我宁愿做一个假装要读书的教师，也不愿意做一个真实不读书的教书匠。

可是，每当有人问我："你觉得语文教师应该读'二十四史'吗？"我却总是回答："不一定。"读史是我的阅读之路，但是阅读之路有时候正像弗罗斯特那首伟大的诗里面讲的：

> 黄色的树林里分出两条路，
>
> 可惜我不能同时去涉足。
>
> 我在那路口久久伫立，
>
> 我向着一条路极目望去，
>
> 直到它消失在丛林深处。

因此，从某种角度讲，教师最重要的也许并不是读不读"二十四史"，而是能不能安安静静坐下来读书。不管你选择了哪一条阅读之路，注定都是有遗憾的。因为好书太多，而生命太短，你集中精力读了这些，势必会遗漏那些。阅读能丰富人的知识结构，不过完美的知识结构永远是没有人能够拥有的。但是，只要认真地读了，肯定是会有收获的。教师的"绝活"也许有千千万万，但我仍然执拗地认为：只有读书，才是教师真正的"绝活"，也只有这样的"绝活"，才会是从根本上真正对教育教学、对自己的学生有益的。在这个意义上，我很欣赏"一加一"上博友"千百度人"老师的一句话："不管是什么书，只要保持一种读书的生活方式，或消遣或作秀都成。"

语文教师的教学自信从哪里来

　　我的一位曾在乡村中学待过多年的朋友说，那段日子，最希望的一件事就是区教研员能够知道自己，甚至能够叫出自己的名字。"那对我该是一个多么大的鼓舞啊！"朋友说这话的时候，现在已经成为我们朋友的教研员也在座，我不知道他们此时是什么心情，但是我却很理解这位在乡村摸爬滚打10余年的朋友的心理，因为我也曾在乡镇中学待过10多年，也体会过那种被忽视甚至被轻视，从而渴望被重视、被尊重的感觉。

　　语文教师最重要的是什么？有人也许会说是学识，有人也许会说是师德，有人也许会说是爱心，但是我以为，对于很多农村学校的老师而言，最重要的也许是教学自信。首先，教育的目的不仅是要传授学生以知识，更是要培养学生的独立人格，培养他们的独立思考能力，激发他们的创造能力。很难想象，一个教学没有自信的、只能盲从权威和他人的老师是能够做到这些的。其次，由于城乡差别依然存在，农村教师的生存环境和职业地位比起城市教师，特别是城市名校教师，仍然有很大差距，这对农村教师的教学自信无疑是一个长期存在的打击。换而言之，也正因为很多农村教师教学自信的缺乏，因此呼吁其培养并提高自己的教学自信就显得尤其重要。只有具备了教学自信的老师，才有可能在自己的教学中游刃有余，甚至能够做到"享受教育"。这对提升教师的生存状态，无疑也是有很大帮助的。

　　那么，语文教师的教学自信从何而来？

　　1. 坚定的专业信仰和专业自豪感

　　我的一位老友是某校退休的英语教师。一次，我们在一起吃饭，在座的另一个英语教师为了活跃气氛，讲起了网上流传的一个段子：

有些学生初学英文时喜欢用汉语标音，学到了"English"一词时，学生甲标以"阴沟里洗"，学生乙标以"应给利息"，学生丙标以"因果联系"，学生丁标以"硬改历史"。结果20年后，甲成了卖菜小贩，乙成了银行职员，丙成了哲学教授，丁从了政。

老友听了这个笑话之后，一言不发。后来，竟然再也不愿和那位英语老师见面了。我问起原因，老友说："一个看不起自己专业、拿自己专业来开玩笑的人，我认为是缺乏基本的教师素养的，因此我不愿与之交往。"听了老友的解释之后，我深以为然。教师执教的专业，不仅是我们的谋生之道，更是我们在广阔的知识领域里拥有的一片属于自己的天地。一个具有专业精神的教师，首先应该尊重的，就是自己的专业。而这种尊重，我觉得甚至应该用专业信仰来概括。

也就是说，一个具有专业信仰的教师，其专业在他心目中的地位，应该至少接近宗教在教徒心中的地位。而作为教师，在钻研自己的专业的时候，也应该有教徒那样的虔诚，那样的执著和精进。教师并不是普通意义上的专业人员，因为教师最大的特点就是他们面对的是广大学生，教师的专业功底是否稳固直接影响其教学的成败，也直接影响所教学生的成长，教师的专业水平事关每个学生的未来。而一个不尊重、不热爱自己专业的教师能够提高自己的专业水平是不可想象的，"知之者不如好之者，好之者不如乐之者"，只有在坚定的专业信仰支持下，教师才可能有不枯竭的动力进行教学研究，不断提高教学水平，成为一个合格乃至优秀的教师。

而作为语文教师，这种专业信仰尤其显得重要。语文是中学各科中唯一的母语教学科目，也几乎是唯一一个能相伴每个学生一生的科目。语文不仅是学生认识社会和世界的工具，同时也是学生文化认同、民族认同的重要载体，而语文教师更承担了培养学生健全人格、独立自由的思考精神，提高学生鉴赏能力，为学生幸福人生打下基础的诸多重任。对任何一个国家来说，母语教学都应该在学校教育中占有不可替代的重要地位。但是反观我们现在的母语教学，现状却令人担忧。在越来越多的学校，语文的地位已经退居英语和数理化之后，成为边缘学科，学生对语文的兴趣持续走低。相当一部分学生语文能力退化，文、言脱节，写作能力低下，错别字连篇。而语文教学受应试教育影响，采用题海战术应付考试，课堂上语文的美感、韵味荡然无存。"已经让语文教学退回到最原始的状态。"（福建省语文协会会长王立根）这些现象的形成，固然与上世纪70年代以来中国教育重理轻文之风盛行以及应试教育的重压有关系，但是也与语文老师在这些风气和重压之下，专业信仰弱化，主动放弃专业阵地有不可否认的联系。

在这种情况下，社会各界对语文教学的非议颇多，以上世纪末对语文"误尽苍生"的讨论为代表，这次讨论在客观上对语文教学的改革起到了促进作用，但是也暴露出一个倾向：相当一部分论者将语文考试等同于语文教学，在将矛头对准不合理的考试制度的同时，也对语文教学本身进行了一些不尽适当的批判。这些批判不仅使语文教学受到了不公正的评价，降低了语文教学在公众心目中的地位，也使相当一部分语文老师动摇了专业信仰，造成专业学习动力缺乏，教学水平下降。

对语文教育的非议有时候甚至到了缺乏常识的地步。近几年来，学界展开了"中小学是否取消文言文教学"的争论，此次争论硝烟颇浓，至今似乎尚未尘埃落定。但是在我看来，这场争论毫无存在的必要。文言文是现代中文的根，两者之间有着千丝万缕的联系，将文言文与现代文绝对对立起来或割裂开来并提倡取消文言文教学的观点本身就是不顾事实，否认这种联系的。"文言文还是传承中华民族文明的重要载体。因为文言文不仅是我们的文明之根、道德之根、情感之根，更是我们的语言之根。"（李研）韩军曾撰文指出："没有文言文，我们将找不到回家的路。"因此，主张取消文言文教学，无论从文化还是从语言角度说，都是荒谬可笑的。但就是这个荒谬可笑的讨论，还堂而皇之地进行了很多年，很多老师也加入其中，而相当一部分是赞成取消文言文教学的，其理由主要是"文言文太难""文言文与现代生活差距太大"。作为一个从事语文教学的专业人员，在经历了漫长的专业训练之后还觉得文言文艰难，还不能意识到文言文与现代文之间不可抹杀的联系，我以为，这是否说明了其专业水平是不合格的？而作为教授母语的语文教师，盲目跟从某些潮流而作出与专业身份不相符的评论，这也充分说明了相当一部分语文教师专业信仰的欠缺，由此带来的也是专业自豪感的削弱。

希望有朝一日，语文教师们能够意识到民族文化传承赋予语文老师的神圣责任，能为自己从事的母语教学工作而自豪，并在这种自豪感和责任感的驱使之下进行教学研究，提高教学水平。唯有这样，语文教师们才能开始拥有教学自信，母语教学的复兴才有希望。

2. 踏实认真的学习态度和勤勉的学习作风

有一个故事，我经常讲给年轻教师听：

某名牌大学的学生毕业晚会上，德高望重的老教授向同学们提出了一个期望："希望你们毕业后，能尽量做到每年读一本书。"学生们听后都颇不以为然："教授似乎太小看我们了，一年何止读一本书呢？"10年后，这些学生开同学会，又请来了这位老教授。当老教授问他们："10年前我提出的要求你们都做到了没有？"绝大部分人都沉默了。走出校门之后，生活的奔波，工作的压力，他们这些昔日的名牌大学学生现在每年能读一本书的，已经几乎没有了。

这个故事是我上大学时看到的，印象颇深。从那时起，我也暗自告诫自己，不要成为故事里讲的那种学生。因此毕业之后，不管工作和生活压力是否大，聊以自慰的是，我读书的习惯基本上还没改变过。

10多年前，当时刚踏上工作岗位不久的我被调到了一个新学校。与我原来学校不同的是，这里的竞争相当激烈，这与我原来学校田园牧歌式的生活是截然不同的。由于生存的压力，我被迫选择适应环境，赢得自己的地位。这时我遇到了一位老教师，何瑞基老师，当我向他请教怎么才能提高自己的教学水平的时候，他给我提了两个建议：

第一，钻研教材，钻研考试，在应试教育的范围内取得成功，也为学生升学创造好的条件。

第二，努力读书。

第一条对我来说不难做到，但是第二条我却有些犯难了：毕业以来，我自己一直也在读书，但是似乎收获并不是很大。当我把这疑虑告诉何老师的时候，他很干脆地建议我："你去读'二十四史'吧。"从那时开始，我就开始了人生中第一次比较系统的阅读。8年后，我已从《史记》读到《宋史》，做了10余万字的读书笔记。这次阅读使我受益匪浅，它使我由以前的零散阅读变成系统阅读，培养了良好的读书习惯。在长时间的阅读中，我的理解能力、思考能力明显提高，而在读书中获得的知识、信息反倒只算是最小的收获了。到成都之后，受李镇西、干国祥、魏智渊、范美忠诸多师友的影响，我又开始看教育学、哲学方面的书籍，在书香浸染之下，课堂自然也就多了底气，有了神采。

不可否认的是，在现在，很多老师，甚至语文老师都很少读书，在很多地方，这几乎已成普遍现象。

读书是为了什么？在一篇给杂志社的约稿中，我这样写道：

我以为，阅读的目的有如下几点：

（1）为生命打底色，创造幸福人生

套用汉密尔顿的话说，人是"生活而不是活着"。人除了要有维持肉体生命的各种物质资料之外，还需要各种精神养料用以维持自己心灵的生存。

一个不读书的人可能生活得很简单很快乐，而一个不快乐的人，其不快乐的原因很可能是因为他还没有读到能够拯救他的书。

（2）建构合理的知识体系，适应社会生活

现代社会分工日趋细密，专业纵深化发展愈加明显，而各个专业之间的联系也日趋紧密。因此，要适应现代社会的发展，教师必须以自己的专业为出发点，建构尽可能合理的知识体系。只有这样，教师才能适应日趋变化的社会和教育。

（3）提高自身专业水平，增长职业技能

教师首先应该是具有专业技能的知识分子，一个知识分子不读书或者读书很少是不可想象的。一个合格的教师，首先应该是一个学习型教师。通过阅读学习不断提高自身水平，成为一个专业能力强的教师。

因此，我认为，教师阅读的目的首先是为了建构生命，最后才是为了提高专业水平。从某种角度说，第一点是一种生命阅读观和幸福阅读观，而后两者则是功利阅读观。如果不能将阅读放在提升生命境界的高度上，只是为了上课考试而阅读，这样的阅读无疑是背本趋末的。功利的阅读观虽然目标明确，但是持续性也很有限，当教师的目的达到了或者自以为达到了的时候，教师势必丧失阅读动力，于是老师就彻底变成不读书的老师。只有将阅读放在生命与幸福的高度上，老师才能有恒久的阅读动力，也才能终身从阅读中受益。

很多老师不读书，是因为没有阅读的习惯，其原因，也就是没有阅读的动力。相当一部分老师满足于将书本上的知识传达给学生，阅读的范围仅限于课本及教参，长久下来，老师阅读的眼界狭窄，吸取知识的窗口也缩小，这样的老师，是很难在课堂上有足够的控制能力的。

阅读需要静心，需要有"板凳坐得十年穿"的学者精神。这种精神在欲望膨胀的现代社会，已经成为一种奢侈品了。但也正因为如此，教师才更应该坚守这片土地，用阅读充实自己，提高自己。真正的阅读，其目的应该是超越职业藩篱之上的，也正因为这种超越，阅读给职业生活带来的正面影响才可能是强大而深远的。语文学科的综合性对教师提出了更高的要求，语文教师只有比其他学科的教师更多地阅读，更多地学习，才有可能符合母语教学的专业需要。而也只有学风踏实、作风勤勉的教师，才有可能在自己的专业领域里找到真正的价值所在，建立起超越世俗标准的专业自信。拥有这样的自信的老师、就会是博学的老师、智慧的老师，神采飞扬的老师，当然也会是学生们喜爱的老师，能够影响学生一生的老师。

3. 对生命的关切与尊重

我曾经是个很单纯的应试高手。

在何老师的指点下，下了很大工夫认真研究考题之后，我发觉自己的应试水平迅速提高。当时我们的学校只是一所镇上的子弟校，生源欠佳，教学条件也较差，但是就是在这样的情况下，我和我的同事们创造了学校的升学奇迹。奇迹发生之后，我们自然也获得了相应的回报，一时间，我似乎已经成了学校乃至全市语文教学的高手，学生的喜爱，同事的肯定，家长的期待，让我似乎已经看到了"名师"的曙光。直到一件事，彻底改变了我。

可可是我 01 级的学生，我接到她的时候，其实是在高二了。那时候我们的班级做了调整，我担任一个班的班主任和两个班的语文教学。可可以前是另外一个班的，但是因为她的优秀，在我教她之前，我们就认识了。

多年以后，我的记忆中仍然很清晰地浮现出那张圆圆的很阳光的脸，剪着齐耳的短发，很精神的样子，眼睛很纯洁的闪亮，脸上总是挂着笑，不同的只是有的时候是微笑，有的时候是大笑。

刚接到可可后不久，我就到她家里进行了家访，了解了她家里的情况。看得出来，父母很爱她，将她捧之为掌上明珠，但是对她要求也很严格，特别是在学习上。

可可对成绩很看重，记得几次看成绩，她觉得自己没有考好，在办公室就哭了起来。老师们都认为这孩子有上进心，自尊心强，又很懂事，是很让老师省心的那种孩子。所以，我们经常在课堂上教育那些不听话的孩子："你们看看人家！只是因为没有考上 110 分就在办公室里哭了，你们呢？考六七十分还洋洋自得！"

可可学习是很努力的，老师说到的内容，她总是很认真地去学习，从来不打一点折扣。但是私下里我们也说，可可的天赋比起年级最优秀的几个孩子还是有一些差距的，所以她的成绩始终不能达到年级最高水平也是自然的。但是我们没有一个人把这话跟可可说，相反，在她不断努力而成效总是不是太大的时候，我们还一起鼓励她："加油！就这样，你一定会成功的!"

我教她的第一个学期期末，她的语文取得了全市第一的好成绩，她到我寝室来看成绩，我告诉了她，她欣喜若狂。记得那天，西昌很少有地下了雪，而且很大，地上都铺上了雪。我们一起走出校门，可可和另外几个同学高兴得打起了雪仗，也许是得意得忘了形，不小心把一大团雪打在了一个老太太的脖子上。老太太很生气，说自己有心脏病，要是打坏了她是要负责任的，还问她们是哪个学校的，哪个班的，可可和几个闯祸的孩子吓得不敢出声，垂着手老老实实地站着。我上前又是劝又是保证，最后把工作证拿出来给老太太看，并说几个孩子是我的学生，出什么事情可以找我，老太太才放了她们。

那天，可可很神秘地告诉我，她喜欢高三的一个男孩子，觉得爱得很痛苦，因为对方似乎并不知道，同时又觉得高中谈恋爱也不是好学生应该做的，所以心中还有很强的负罪感。我告诉她青春期喜欢一个人是很正常的，何况她喜欢的这个男孩子本身也很优秀，爱的萌动是一件美丽的事，不是罪恶，但是，从理智出发，现在应该把这份感情埋在心底，让一切自然而然地成长。

可可写得一手好字，是书法四段。那时候我为了评职称过三笔字关正在家里狂练毛笔字，有一次她和其他的孩子来玩，正碰上我写字，我得意地指着我的字问可可："你觉得哪个字写得最好？"

可可很认真地看了看，回答说："都写得不好。"

大家哄堂大笑。我让可可写，她提笔就是一手漂亮的隶书，写竖笔的时候，我注意到她写的是"屋漏痕"，用笔刚劲有力，一点都不像平时的娇娇女。

有一次诗词鉴赏，可可介绍的是曹操的《短歌行》，我走进教室时，她已经用隶书将整首诗抄在了黑板上。那次讲解十分成功，我上台总结的时候，说："今天的鉴赏，我觉得是'三绝'：一是曹操的诗写得好；二是可可经过了充分的准备，讲得十分精彩；三是这黑板上漂亮的字，几乎让我都舍不得擦了！"

高考之前，高三的班主任和任课老师都在紧张地辅导学生报志愿。家长、老师和孩子们都很紧张，几乎每个学生的志愿都经过了我们与家长、孩子的多次磋商和考虑。只有可可的志愿，从一开始到结束，我们几乎就没有插过手，全部是她父母决定的，其中经过了很多次的修改，并没有征求过我们的意见。全班同学的志愿表都交上来很久以后，她的志愿还没有最后确定。我催了很多次，她终于在上报教育局前一天交上来了。我们看了一下，觉得一志愿稍微有些高，可能她要超水平发挥才能考得上。但是这是她父母和她一起决定的，我们也不大好说什么。

黑色的 7 月之后，高考成绩下来了，可可没有能上重点，在普通本科，她报的是重庆的一所医科大学，专业是预防医学。我们都觉得这个专业很不错。

送走 01 级，我接任 04 级的班主任，担任年级组长，事情更多了。日子就是这样的过着。直到一学期以后，我和几个以前教他们的老师都接到可可的长途电话，她说她不想在那个学校读书了，想回学校来复读。我们都觉得不太妥当，但是又想不出什么理由来劝她，只是告诉她要慎重。给我的长途电话打了将近一个小时，也许是出于推卸责任，我最后还是说，决定权在你自己，希望你能认真考虑清楚，不要匆忙做决定。

之后，我几乎都把这事给忘了。直到有一天，同事告诉我，可可真的回来复读了，跟着高二走。那时候我教高一，成天忙得昏天黑地，也就是回答一声"是吗"。

那时候，就经常在校园里看见可可，她长高了，更亭亭玉立了，见到我还是很甜地微笑，说："夏老师好！"我也和以前一样回答："你好！"有时候也停下来问问她最近学习情况如何，感觉是否吃力等等。

听教她的老师说，刚来的时候，她的成绩还是很拔尖的，但是到后来就渐渐落后了。我说复读生的情况都是这样，因为经历过高三的集中强化训练和高考的洗礼，开始复读的时候实力都是很强的，到大家都到高三的时候，就渐渐不如应届生中的高手了，不足为奇。

我带高二的时候，可可参加了高考，那是 2003 年。那一年，开始实行分数公布之后填报志愿。

那天早晨，同事来找我，说可可在找我，好像想找我谈谈。在上一届的时候，可可和我的关系是很密切的，但是我说我忙得要死，回头再说吧。

中午吃了饭，我在家里上网，接到了一个老师的电话："你知道可可的事情吗？"

我淡淡地回答："知道，她今天早上说想找我谈谈，但是我当时忙，回头我跟她谈谈。"

"不是！你知道吗？今天中午她已经服毒自杀了！"

医院里，可可的母亲已经哭得昏过去几次，她的父亲表情木然地坐在那里，他们单位的同事和闻讯赶来的一些老师正在劝导他们。我想说话，但不知道说什么。一个朋友领我到停放可可遗体的房间，她躺在地上，表情很平静，好像什么事都没有发生过。我发觉，好像她又长高了，我想说什么，但是一开口，却是号啕大哭。

那天晚上，我上网，想写可可，可是一摸到键盘，感觉到的就是心如刀绞，根本无法写下去。

一个 20 岁的女孩子的生命，对于这个人满为患的世界来说是不算什么

的。学校关心的只是这事是否与学校有关，甚至把我们这些跟可可有过密切接触的老师都叫去开了个会。老师只是说这孩子承受压力的能力太弱，家长引导也不对，或者还有的说早知道这个孩子会出事的。一年以后，我走在路上，遇见可可的父母。他们走在我前面，曾经显得比较镇定的可可父亲已经老了起码30岁，走路都不稳了，她的母亲搀扶着他，两个40岁出头的人就像是六七十岁的老人一样。我走在他们后面，却不敢招呼他们。

一年后，我带完04级高三之后，离开了那个学校、那座城市。原因有很多，但是可可是一个重要的原因。因为从那时候开始，我经常在问自己："我们到底在干什么？我到底在干什么？对可可的死，我应该负有什么样的责任？教育的本原到底是什么？除了分数之外，我们还应该对孩子的什么负责？"

我想起了我教她的时候对她的那些"严格要求"，想起我把她因为对成绩不满意在办公室哭了当成正面典型来教育那些"后进生"，想起我们刻意不顾她的实际情况，而不断地给她提出更高的要求，像资本家一样恨不得榨出她最后一点"剩余价值"……作为她以前的班主任和语文老师，我不应该为她的死而负责吗？

我想起了好友梁卫星说过的那句话："站在讲台上的我们，都是有罪的。"我们是如此残酷，又是如此悲伤。纵然我们培养出了一万个清华、北大的孩子，但是让一个孩子因为我们而死，这能够说是我们教育的成功吗？

我经常还会想起可可，想起那个生命永远停止在20岁的女孩，想起她圆圆的脸、齐耳的短发、一笔漂亮的隶书，想起她爱着高三的那个男孩，想起那次打雪仗，想象她如果还在，也许已经恋爱、结婚，或者已经有了一个漂亮的宝宝。可是，现在，一切都不可能了。

到后来，我耳闻了更多的年轻生命逝去的事情，这些消息多得让我们都快麻木了，可是我仍然想扪心自问：到底是教育为了生命还是生命为了教育？一种漠视生命的教育是不是真正的教育？漠视生命的教师是不是合格的教师？什么样的教育才是成功的教育？

多年后，我看到张文质先生的著作，其中的四个字让我醍醐灌顶：生命在场。

回顾我走过的教育之路，时时刻刻分数是在场的，有时候"表现"在场，有时候"态度"在场，这些构成了我以前教育的整个评价体系，也成为别人，特别是学校和家长对我的评价依据。学生在成绩上失败，就是我的失败，我被迫在学校和家长的压力之下开始怀疑我的教学，以分数为依据改变我的教学，哪怕这种改变实质上是在压榨学生、摧残学生。作为一个教师，我时时刻刻生活在考试的恐惧之中，生怕哪一次、哪一个学生成绩下滑，甚至一次学生正常的成绩变化都会严重影响我的判断，为分数而喜，为分数而悲，在分数的指挥棒下疲于奔命。这样的教学，难道是有自信的教学吗？是真正为学生成长助跑的教学吗？

成绩是不可靠的，将自信建立在成绩上的教师，会因分数的失利而自信全无。领导是不可靠的，将自信建立在领导评价上的教师，也会因领导不尽正确的评价而否定自己。甚至学生也是不可靠的，将自己完全建立在学生评价上的教师，也许不会意识到，学生也正处在成长之中，他们的评价往往也是建立在个人好恶基础上的，对于老师的辛勤付出，他们的反应往往是漠视而不一定是感激。

"不畏浮云遮望眼，只缘身在最高层。"只有超越了现实功利的老师，才能超越现实压在我们头上的阴霾，才能置身于云层之上观察教育：身下的云层永远是温暖而雪白的，头上的蓝天永远是湛蓝明澈的。站在这样的高度的老师，怎么会没有教学自信呢？

4. 正确认识教师工作的有限

教育是民族、国家的根本，维系着民族腾飞的希望，教育的成败，直接关系着中华民族复兴的成败，因此，公众对教育期望值很高是很正常的。但是，当前中国经济现状和就业形势严峻引发了公众日渐增长的不满情绪，而应试教育与现实社会的脱节使公众将相当一部分不满情绪转移到了教育上，这种不满情绪与对教育的高期望值形成了越来越大的剪刀差，在某种程度上，教育成为替罪羊。

今天的中国基础教育，投入不足几乎是正常现象。因此，学校要生存，只有两个办法：

一是提高收费。学校的苦衷上级领导早就心知肚明，所以打击教育乱收费的口号喊了很多年，也最终没有落实下来。于是，学校就在这样的夹缝中求得生存与发展。

二是扩大班额。教育部制定的中小学每个教学班的警戒线是每班45人，但是这个数字现在听起来几乎等于神话。在大多数学校，一个班五六十个人已经是十分正常的情况。一位广西的朋友曾对我说，她教三个班的语文，当一个班的班主任，每个班竟有110多人！教室里学生坐得水泄不通，老师别说跟学生交流了，就连走下讲台都不可能！

责怪学校是不公平的，其实没有哪个学校愿意学生超过管理限度，尤其是在当今安全问题高于一切的中国教育界，学生一多，哪一个环节出现了问题，其结果都将是毁灭性的。

　　在"google"上键入"学校踩踏事故"进行搜索，得到 49 个网页，近500 条信息：

　　2005 年，四川巴中一中心小学发生踩踏事故，8 名学生死亡。

　　2005 年，新疆一小学发生踩踏事故，一名学生死亡，12 名学生受伤。

　　2006 年，江西一所中学发上踩踏事故，6 人死亡。

　　2009 年，湖南湘乡一所学校发生踩踏事故，8 人死亡。

　　2009 年，重庆一学校发生踩踏事故，5 名学生受重伤……

　　早在 2005 年四川通江踩踏事故发生之后，很多学校就专门召开了安全工作会议，我知道的几个学校不约而同地采取了同一个预防办法：派老师在楼梯口值班，制止学生拥挤。

　　这种治标不治本的办法真有些让人啼笑皆非，但是学校也有学校的难处：班额过大。学校比谁都清楚，但是学校要生存，难道能因为这个而把"多余"的学生放出去吗？学校的选择只有两个：在明知道客观条件不足、安全隐患极大的情况下对这些避而不谈，只是一味地给老师和学生上安全课，幻想意识的能动性最终能弥补物质条件的不足甚至匮乏；还有一个就是求上帝保佑，心存侥幸，希望事故不会发生在自己的学校。

　　而必须注意的是，这样毫无止境地扩大班额，首先是违背教育原则的。试想，一个五六十人的班级，教师有可能真正展开针对每一个学生的教学吗？能够真正与学生对话吗？因此，班额的扩大首先是对学生受教育权的严重践踏，而且，这也是对教师利益的践踏。更重要的是，这种体制造出的大班怪胎将责任推卸给了直接与学生交流的学校和教师。

　　不止一个年轻老师很苦恼地对我说："我管理的一个班少则五六十个学生，多则七八十，甚至上百学生，请问用什么办法才能很好地管理这样的大班？"我的回答很简单干脆：这样的班从根本上是违背教育规律的，作为一个普通人，教师没有能力在这样的超级大班中遵循正常的教育规律进行教学。

　　由于网络以及其他媒体对教育负面新闻的过多宣传，教师社会地位急速下滑，这从反面抑制了教师的独立思考。而教师对加在自己身上的不合理负担逆来顺受，使自己不仅下滑到了专业化的标准之下，甚至相当一部分教师滑到了职业化的红线之下。教师们不知道自己该做什么，也不知道自己能够做到什么，在一边倒的强势压力之下，把很多原本不属于自己的职责也揽了过来，但是力量有限，在一次次任务没有完成之后，教师的教学自信必然受到严重打击。

教育专家王晓春在对一位老师的案例进行点评时有这样的论述：

另外，您说："我总不愿意做一个罪人，尤其是树人的罪人，这种责任谁也承担不起啊！"这话我很不赞成。孩子又不是您一个人教育出来的，有那么多人在影响他，凭什么他教育不好要您一个人负责任？这没道理。您只能负您应该负的那部分责任，请您不要把别人的责任揽在自己的身上，那样只能破坏您的身心健康，对工作没有丝毫好处。

教师工作是有边界的。

教师是学生一生的指导者，而不是承包者。

恕我直言，想承包孩子的一生，看起来好像是责任感挺强，其实是自我中心——对自己的作用估计过高了。学生怎样度过一生，首先是他自己的事情，某个班主任不过是他的很多帮助者中的一个而已。对许多孩子来说，我们只是个过客。

真正的自信绝不是大包大揽，不是把自己当超人包打天下。或者说，这种心理恰恰是摧毁教师自信的，因为每个人的力量都有限，当我们承担起我们无法承担的任务时——不管这种任务是自愿承担还是被迫承担的——其结果只有一个：失败。真正的自信不是自负，大包大揽的自负只会造成失败之后更深的自卑。真正的自信是对自身能力的合理评估，并以此决定对自己工作成效的评估。可以这样说，如果未能发挥自己应该发挥的能力，即使成功也等于失败；如果自身已经尽力，但是由于外界的诸多不合理因素而导致自己的工作成效不尽如人意，那么，即使失败，也就是成功。一个自信的教师必须要有这样的判断能力，即使这种判断可能与外界特别是上层对自己的判断相矛盾。

很多时候，自信也就意味着同外界压力抗争。也唯有自信，才能促使自己与这些压力进行抗争。

一、个人的愚人船

——看电影《三傻》

汽车在崇山峻岭间的盘山公路上奔驰，法罕的画外音响起："一出生就有人告诉我们，生活是场赛跑，不跑快点就会惨遭蹂躏，哪怕是出生，我们都得和3亿个精子赛跑。"

我想，大多数人都会和我一样，马上联想到中国的教育。

印度电影《三傻大闹宝莱坞》（英文名"3 Idiots"，我更愿意叫它"三个傻瓜"，因为前面那个恶俗的译名差点让我错过了这部好片）讲的是两个年轻人法罕和莱俱从工程学院毕业10年后去寻找大学时死党的故事。不知道是不是亚洲国家教育模式都比较接近的原因，电影里展示的印度大学的僵化可笑及其对个性的摧残达到了惊人的地步。

刚一进校，学校的"病毒"主任就给他们上了一堂社会教育课："噪鹃从来不自己筑巢，他只在别人的巢里下蛋，要孵蛋的时候他们会怎样？他们会把其他的蛋从巢里挤出去，竞争结束了，他们的生命从谋杀开始，这就是大自然——要么竞争，要么死……"

"病毒"主任用这样的话来教育学生："有谁知道最先登上月球的是谁吗？对，是阿姆斯特朗。谁知道第二个呢？不知道没关系，因为第二名无意义，只有第一才会被人们记住！"

这不由得让人想起中国先贤们的教诲：吃得苦中苦，方为人上人。可是成为人上人之后呢？不过就是把自己曾经吃过的苦作为资本，要求每一个后辈都吃跟自己一样的苦，或者比自己还苦的苦。

法罕的家庭情况只能说勉强过得去，他父母为了他的学业几乎付出了一

切，家里唯一的一台空调归他专用，因此，即使在工程学院的每次考试他几乎都垫底，他也没有胆量告诉父母，自己的梦想不是成为一名工程师，而是成为一个野生动物摄影师。莱俱的家庭更是贫寒，父亲多年卧病在床，母亲辛苦支持着这个家，姐姐因为没有陪嫁而一直嫁不出去，家里唯一的希望就是他毕业以后能够找到好的工作，把家庭从贫困中拉出来。生活的逼仄是最能让一个人屈服的。因此，他们入校时，对校园里无处不在的不公和压力没有丝毫的反感，而是习惯地逆来顺受，直到兰彻出现在他们的生命中。

用法罕的话说，兰彻和他的名字一样是独一无二的。第一天入校，兰彻就用"初二的物理知识"狠狠修理了欺负新生的学长，用问题逼得"病毒"主任下不来台，他教学校的杂役"毫米"怎么蹭课：买一件校服混进学校上课，因为没人会注意，如果被抓住了，再买另一所学校的校服进去听。和所有校园剧里的青春英雄一样，他独立、反叛，极具个性。如果说青春是一条河的话，他就是一个驾驶着愚人船独自漫游在这河上的船夫，他一边漫游，一边向两岸的人传播那些最基本的常识，可是由于人们已经距离常识太远，因此，他被老师和学生们称为"idiot"（傻子），也算是实至名归了。

1. 校园不是高压锅

在同学乔伊的葬礼上，兰彻直言不讳地对"病毒"主任说，乔伊不是死于自杀，而是谋杀，凶手就是在大学四年里施加给他无尽压力的"病毒"主任。

"一个学生无法承受压力，难道要我负责吗?""病毒"主任的回答也许代表了大多数教育者在面对这一指责时的反应。不可否认，社会的竞争是无时无刻不存在的，培养学生承受压力也算是教育的任务之一，但是如果学习生活没有了对知识的好奇与渴求，纯粹变成了压力的驱动结果，用兰彻的话来说，就是"有鞭子在，马戏团的狮子也能乖乖听话，但是人们只会说训练得好，而不会说教育得好"。也就是说，核心问题是压力的合理合法与适度问题。

而很多老师给学生施加压力，不管从动机还是方法以及后果来说，都是值得商榷的。主任不满乔伊作品晚交，叫乔伊给父亲打电话，当着学生的面，无情地通知他的父亲儿子无法按时毕业，这成为乔伊自杀的直接诱因。莱俱和朋友们酒醉闹事，主任又要莱俱自己在电脑上打自己的退学通知，莱俱苦苦哀求，主任又以放过莱俱为条件诱使他出卖朋友，导致莱俱愤而跳楼⋯⋯

这些"效力"巨大的"教育"方式看着多么眼熟！我不止一次地看过一些老师的案例和叙事，讲述他们在教育学生时采用的各种高招，竟然跟对付敌人的招数毫无二致：各个击破、瞒天过海、声东击西、敲山震虎、一石二鸟……还有人专门出了所谓的兵法，教老师们如何给学生施加更大的心理压力，迫使其崩溃，逼学生就范。在这些文字里，学生已经不是学生，而成了试验箱里任人宰割戏弄的小白鼠，教师也不再是教师，而是一群自以为是且狂妄无礼的僭主，他们施加压力不是为了学生，不是为了教育，而只是为了展示自己的权威（我一位教英语的朋友形象地将其称之为"Show power"），只是为了让学生在权威面前彻底匍匐，教育在此彻底异化为奴役。教育如同爱情，如果丧失了能够直抵双方内心最深处的诚意，而要靠欺诈、恐吓来迫使对方就范的话，就已经背离了根本的原点，就不配称为教育。

难道就没有更为合情合理的方法与学生沟通？难道教育者的权威就那么重要，一定要选择杀伤力最大的方式让学生服从，甚至不惜以学生的心理创伤为代价？

乔伊在压力下崩溃了，失去了生命，莱俱在压力下也崩溃了，几乎丧命，但是更多人的崩溃是在内心中，在灵魂中。兰彻没有崩溃，很大程度上应该归功于他的口头禅"一切顺利"。电影中诠释这句话的歌舞场面精彩纷呈，高潮迭起，可是在末尾，切入的却是乔伊自杀的镜头，这高超的剪辑堪称神来之笔！它让观众看出导演用心良苦的提醒：自我安慰，有时候是无法抵挡现实的残酷的。兰彻有自己的愚人船，但是更多的愚人船已经在风暴中颠覆了，乔伊就是失败版本的兰彻。

2. 热爱是学习最好的动力

兰彻的两个死党——法罕和莱俱从进入工程学院那天起，就一直处在被开除的边缘，因为他们每次考试都垫底。而当他们惊讶地发现兰彻这个叛逆小子居然每次考试都是第一时，他们心里的感受是复杂的：当朋友考不及格时，你感觉很糟；当朋友考第一时，你感觉更糟。兰彻坦诚地告诉他们，他热爱机械，上工程学院是他最大的梦想，这就是他成绩优异的秘诀。而一直想当野生动物摄影师的法罕始终心猿意马，无法集中精力学习，所以成绩总是很糟。莱俱则是由于贫寒的家境，给自己加上了太多额外的压力，这些压力变成了恐惧，于是他无法专注学习。

影片所讲的故事虽然发生在高等院校，但这对基础教育来说也是有很大

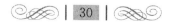

借鉴意义的。中国古人早就说过："知之者不如好之者，好之者不如乐之者。"每个老师都告诫学生兴趣是最好的老师，但是我们忽视了一个基本的常识：不可能每个人都一定对每件事会有兴趣。因此，学生对某些科目，甚至对学校学习根本不感兴趣，至少从理论上是说得通的。可惜，我们的体制不允许这样的常识。很多专家、名师都在孜孜不倦地教育老师要培养学生的兴趣，但是他们却不承认一点：有些兴趣是根本无法培养的。

传统教育习惯于将学生看成整齐划一、毫无二致的原材料，这本质上跟工厂里的铁块铝锭没有二致。教育者相信通过同样的教育（加工）手段，能够使这些"原材料"都达到预期的使用目的。当他们的目的在一些"原材料"身上失败时，他们又会滑稽地自相矛盾，由以前否认学生存在个性而到将责任全部推到学生个性的弱点上：你的失败就是由于你的不认真、不努力。最温和的也就是抱怨学生没有形成对学习的兴趣。可是，是不是兴趣只有与教育（或者当下的学校教育）相符合的时候才具有意义？兰彻对好友说："想象一下，要是迈克尔·杰克逊的父亲要他去打拳。阿里的父亲逼着他学唱歌，那该有多可怕？"这些常识都被教师们屏蔽了，所以偏科是学生的重罪，而偏科在某些老师的眼里，无异于弱智。教师们在"全面发展"的大旗下，一天天制造的却是学生的全面平庸。

有没有对学习没有兴趣却能取得优异成绩的呢？有，例如影片中外号叫"消音器"的查图尔。

查图尔明显是作为兰彻的对立面而出现的，他对学习丝毫谈不上兴趣，他关心的只是好的分数能让自己找到好工作，挣大钱，娶漂亮老婆，买豪宅，购兰博基尼。他甚至不关心自己学习的是什么，一切书上的东西，对他来说只要背下来就行了。为了得到好的分数，他吃药提高记忆力，打压比自己强的同学，对比自己差的同学冷嘲热讽、落井下石。每到考试之前，他往每个男生寝室门缝里塞黄色画报，让同学分心。他毕业之后得到了他所想要的成功，而这种成功更成为他一贯行径的证明，于是，出现在观众眼前的是一个市侩、阴险、卑鄙、无耻的小丑形象。这个形象与影片中的另一个小丑，被兰彻讥讽为"标价签"的苏哈斯"交相辉映"，展示了商品社会下所谓"成功者"的猥琐与可悲、可恶与可怜。

有学者说，当今全球的教育已经"嵌入"了经济中，商业意义上的成功已经成为检验教育成功的唯一标尺。教育成为资本的供货商，资本家则以财富为教育的成果作背书。古希腊式的出于对知识的渴求而接受教育的传统已经不复存在，教育成了一笔赤裸裸的交易——以知识（更准确地说是文凭）来换取财富。学什么已经不再重要，重要的是这些东西能不能交换到文凭，并最终换得利益。因此，兰彻在"病毒"主任面前愤怒地指斥："这所学校不教工程，不关心新的发明，只关心分数、文凭、工作、到美国定居。"兰彻一次次驾着自己的愚人船抵抗教育的惊涛骇浪，而他的船没有被颠覆的最大的原因就是因为热爱，对知识的热爱，对专业的热爱，这种热爱使他能够自保，也能自救，甚至还能救助他的两个死党。最后，法罕听从他的劝告，离开了工程学院，成为一名成绩斐然的野生动物摄影师。莱俱也克服了恐惧，顺利毕业，得到了自己的第一份工作。

3. 学习是为了知识，而不是为了文凭

影片开头，法罕假装生病逼得正在起飞的客机返航，莱俱急得连裤子都没穿就冲出家门，两个人的目的都是一个：想见到毕业之后就失去联系的死党兰彻。同样想见到兰彻的还有他们的死对头查图尔，因为他想让兰彻看到自己现在是多么成功，以此来羞辱自己的死敌。当他们终于找到兰彻时，却惊讶地发现这个拥有同样的学位证和毕业照的兰彻竟然不是他们的同学。经过一番周折，他们才得知实情：陪伴他们大学四年的兰彻，其实只是这家大户人家的一个孤儿仆人，因为从小喜欢学习，于是少爷干脆叫他顶替自己上学。老爷知道之后不但不制止，反而让孤儿一直顶替少爷念大学。双方约定，毕业之后，孤儿就不再与任何人联系，以保住秘密。

我们为中国所谓名导们讲故事的本领越来越拙劣低下而叹息时，不得不为印度导演故事构思的精巧而拍案叫绝。这个情节不仅解释了前面所有的疑团，更为影片的主旨提供了一个精彩的注脚。影片借法罕的口感慨道：我们大多数人上大学就是为了一个学位。没有文凭就意味着没有好工作，没有漂亮的老婆，没有信用卡，没有社会地位。而这一切他都不在乎，他上大学是为了学习的乐趣。

兰彻的学位证书被挂在了少爷150英亩庄园豪华的客厅墙上，连同毕业照，当然，照片上的头像被换成少爷的，不仅如此，他还失去了与大学死党，甚至自己的恋人联系的权利，以致死党多年来不知道他是死是活，恋人因为没有他的消息，险些成为他人妇。他在大学每学期成绩都是第一，毕业时是最优秀的学生，甚至连最初讨厌乃至憎恶他的"病毒"主任都对他改变了看法，将自己老师留下的并嘱咐送给最优秀学生的太空笔送给了他。而

他，则安安静静地到了一个遥远偏僻的山村，成了一名教师。在查图尔眼里，兰彻是彻头彻尾地失败了，因为他没有得到那张文凭，更没有用那张文凭成功交易，换取自己应该得到的一切。他急于见到兰彻，只是为了让这个大学时一直在自己之上的人看看自己现在的成功，顺便嘲笑对方的失败。可是他没有想到的是，即便事实如他所想，他自己却早已失去了最宝贵的东西：对知识的热爱，对友谊的珍惜，以及一颗善良的心。在追逐分数的过程里，他早已和文凭签订了一张契约，将这些宝贵的东西全部抵押了出去，当他终于得到文凭的时候，这些东西再也收不回来了。

他得到的是文凭，失去的是自由。

关于兰彻的自由，也许片首那首歌作了最好的诠释：

> 他曾像风一样自由
>
> 他曾像翱翔的风筝
>
> 他去了哪里……我们去找他吧
>
> 我们曾走着自选的道路
>
> 他开掘了自己的道路
>
> 跌倒了，爬起来，无忧无虑向前走
>
> 我们时常为明天烦恼
>
> 他简单地为今日狂欢
>
> 把每一个瞬间都变成辉煌
>
> 在炽热的阳光下，他是一片树荫
>
> 在无尽的沙漠中，他是一片绿洲
>
> 在破碎的心灵中，他是一片甘霖
>
> 我们困在井底，恐惧着
>
> 他在大河嬉戏，毫无畏惧
>
> 像朵浮云他孤独地飘荡
>
> ……

知识是应该使人灵魂得到自由的，如果不是这样，学习又还有什么意义呢？

4. 追求卓越，成功就会在不经意中赶上你

历经周折，在影片末尾，他们终于找到了兰彻。和大部分印度电影一样，导演给我们安排了一个大圆满的结局：兰彻当然不是他的真名，他真名

边走边读——教师也有自己的性格

叫奉苏克·旺杜，他也不仅仅是个普通的小学老师，而是一个享有 400 项专利的大名鼎鼎的科学家，甚至还是查图尔一心想巴结并与之签约的对象。成功者与失败者在这时戏剧性地调换了。

老实说，这是我对影片唯一不满意之处，导演高举反媚俗的大旗，想重新定义成功，但是最后还是被迫让兰彻用查图尔的方式，也就是媚俗的方式获得成功。在我看来，成功的定义与外界的评价是无关的，它更关乎自己对生命的理解，以及自己的灵魂诉求。教育的本质是为了个体人生的幸福，因此，我们在肯定索罗斯和比尔·盖茨成功的同时，不能认为史怀哲和特丽莎修女或者卢安克就是失败的。所以，即使兰彻只是一个普普通通的小学教师，只要他通过学习认识了生活，热爱了生活，创造了生活，又怎么能说他是不成功的呢？而我们总是习惯于用别人的眼光来定义自己的人生，正像影片中乔伊唱的一样：

> 做了一辈子别人
>
> 就这么一次
>
> 让我做一次自己
>
> 再给我个机会，我要再次成长

可惜，人成长的机会只有一次，乔伊的愚人船没能抵抗住风暴，最后还是倾覆了。

不过，影片借兰彻之口说出的这句话却是点出了教育的真谛：追求卓越，成功就会在不经意中赶上你。换句话说，纯正的教育是应该杜绝功利、顺从内心的。成功本身不应该是目的，它只是卓越的副产品。而在普遍功利浮躁的社会中，那些真正的优秀者往往会被别人讥讽为傻子，就像兰彻一样，在湍急的教育的狂涛中，惊险地驾驶着自己的愚人船，寻找自己的理想和生命的真谛。

影片的结尾处，阳光下，雪山旁，明澈的湖水上空，一架遥控飞机正在翱翔。我想，这应该就是兰彻的那艘愚人船，那艘经历了无数狂风暴雨，终于幸存下来的愚人船。此刻，它已经飞了起来，成为一只鸟、一只鹰、一个具有独立个性与自由的图腾。这时的傻子（idiot）已经不止兰彻一个，至少是三个（3 Idiots）。或许，以后还会有更多的傻子和他们的愚人船。

靠近水边的鱼
——看电影《地球上的星星》

　　我想我已经过了追星的年龄，可是当字幕打出阿米尔·汗（Aamir Khan）出品的时候，我心里还是禁不住"咯噔"了一下，因为阿米尔·汗就是《三傻》的主演。暂停下电影上网查一下，果然，这部《地球上的星星》也是他的作品。

　　电影的情节并不特别。

　　伊桑是个9岁的男孩，他总是在别人不在意的地方发现很多奇妙的事物：色彩、鱼儿、小狗、风筝。他会整天整天地对着池子里的小鱼，看它们自由地游动，幻想出一个与外在世界截然不同的美丽天堂。他在地上捡起别人当垃圾丢掉的小东西，收集起来，拼凑成一条可爱的小船，让它在水上自由航行。可是，这一切在成人世界里根本没有意义，他们关心的是他的作业和成绩，而伊桑已经留过一次级了。特别是他的哥哥是个各科优秀的优等生，这让伊桑在自己的家里也倍感压力。

　　他上课走神，不交作业，到处惹祸，在读了两次三年级之后，仍然不会拼写。所以，他变成了各科老师批判的对象，也成了父母心头的隐痛。终于，父亲把他送到了寄宿学校。可是在新学校，这一切也并未改变，甚至愈加严重。饱受挫折的伊桑已经到了灭亡的边缘，直到一个美术代课老师尼库巴（阿米尔·汗饰）出现在他的生命中。

　　尼库巴经过调查了解，发觉伊桑学习困难的原因并非其他老师和父母认为的那样不努力，而是他有阅读障碍症。

　　有研究表明，英语国家中有阅读困难的儿童高达10％～30％，学汉语的儿童中患有阅读障碍的人在3％～5％左右。可是，很多罹患此疾病的孩子根本没有被认真对待，教师和家长大多简单地将其学习的困难归因为态度不端正或学习不认真。电影中尼库巴老师与伊桑父亲的一段对话发人深省：

父亲：他留级了，一点好转的迹象都没有。我大儿子门门功课第一，可是他呢？

老师：怎么会这样的呢？

父亲：态度问题，没别的了，他对待学习和所有事情的态度。经常调皮捣蛋，与别人相处不好，不听话……

老师：我想知道的是原因，可是你说的都是表现。

父亲：那你说说看？

老师：你注意到他犯错误的模式了吗？那些重复的错误？

父亲：模式？什么模式？都是错误罢了！

伊桑父亲的回答可以说代表了大多数无法科学地对待孩子问题的家长和老师的想法。

即使在老师揭开谜底——伊桑学习困难的原因是阅读障碍之后，他的父亲依然无法接受这个现实："可是这（指伊桑的绘画天赋）有什么用？他该怎么面对挑战，面对竞争？难道要我养他一辈子吗？"

这个印度父亲话语中的恐惧，我想每个中国家长都不会陌生。对生活艰难深有体会的父母怎么也不愿自己的孩子在竞争中被打垮击败。为了孩子的幸福和未来，他们被迫将自己的爱转化为对孩子的催促甚至逼迫，而如果孩子对此没有反应，这种催促逼迫就会转化为焦虑和狂躁，折磨着家长和孩子，永无止境。在这种情况下，"教育的目的是为了孩子终身的幸福"这样的常识就变得迂阔而滑稽。因此，尼库巴老师面对家长那番慷慨激昂的宣言，也只有像堂吉珂德斗风车一样说不合时宜的"妄言"了："归根到底，这是个充满着残酷竞争的世界，每个人只想削尖了脑袋往上爬，人人都想得高分，除了医学、工程学、管理学，其他都是废物。（分数）低的都是亵渎，是吧？看在上帝的分上，每个孩子都有他的天赋和梦想，可其实呢，他们都是在被动地学习，妄想成为全才。即使这一切只是痴人说梦！"

而现代学校大班教育更加剧了这种老师与学生之间的疏离：要真正关注到每一个学生，关注到每一个学生仅属于自己的特别，在流水线化的现代学校教育中又是一件多么困难的事情！影片借老师和家长的口吻抱怨道："一个班上几十个学生，怎么可能照顾得到每一个！"这是影片中留下的困惑，其实也是所有大班教育模式下人们共同的困惑。

在这个意义上，伊桑是无比幸运的，一个能够关注他的老师尼库巴出现了，更重要的是，尼库巴老师不仅找到了他学习困难的原因，而且发现了他在绘画上异乎寻常的天才。为了挽救伊桑，尼库巴老师说服了校长，使其放弃了想撵走伊桑的想法，甚至说服了校长让其他老师暂时降低对伊桑课程上的要求，并利用业余时间给伊桑补课。同时，他努力呵护伊桑的绘画天才，孜孜不倦地辅导他，甚至为了他举办了一次全校师生参加的绘画比赛。

影片关于比赛的桥段无疑是本片的高潮，伊桑毫无悬念地获得了冠军。他画了一个美丽的池塘，池塘里有小鱼，有小鸟，一个安静而孤独的小孩坐在池塘边，和他们对话。而当他看到老师的作品的时候，他惊呆了：在有黄色和红色的背景前，占满画面的是他自己的脸，那张脸不再是平素那样的孤独、胆怯与阴郁，而是张开了嘴大笑，阳光而活泼，如凡·高的《向日葵》一般，红得鲜艳，黄得灿烂。看到这里，我已热泪盈眶。

意味深长的是，编剧给尼库巴老师设置了双重身份：他不仅是伊桑所在的寄宿学校的美术代课老师，还是另一所特殊学校——郁金香学校的老师。他和他的同事们一起，用一颗伟大而无私的爱心帮助着那些智障孩子，在他们的眼中，这些孩子就像：

> 棕榈叶上新鲜的露珠
>
> 这是上帝赐予的礼物
>
> 伸长、旋转、滑行、落下
>
> 正如那宝贵的珍珠
>
> 闪闪发光
>
> 我们不能失去那些
>
> 地球上的小星星
>
> 正如那冬日里的阳光
>
> 在院子里洒满金光
>
> 驱除我们内心的黑暗
>
> ……

这让人联想到本片开头与片名一起打出的字幕：Every child is special（每个孩子都是独一无二的）。于是，这部电影的内涵不再局限于以前常见的智慧老师发现并挽救偏才怪才学生的俗套故事，而是升华到了教师本来应该具有的对每一个孩子的爱。不管他成绩是否优秀，不管他是否有其他的天分，甚至不管他智力和身体是否正常，每一个孩子都是地球上的小星星，都是上帝赐予的礼物，都有享有温暖与爱的权利。与此相比，精英教育也好，平民教育也好，或者是任何以功利为驱动的教育在其面前全都黯然失色，因为这样的教育，其驱动力只有一个：爱——对每一个孩子的没有企图的爱，没有功利目的的爱。在这种爱的光辉照耀下，每个孩子"都是太阳，放射出光辉，每个孩子都是小河，潺潺流动，宇宙万物皆光辉"（摘自本片插曲），这种泛神论式的对生命的尊重、珍惜与爱，我想才是教育的真谛。

在写作本文的时候，我意外发现本片主演阿米尔·汗的新浪中文博客，在这里我发现了一篇文章《高考结果》，它深深地打动了我：

高考就像一个人人生中的一个里程碑，它只是你人生长路中的一段，我们还有很多更重要的考试要面对。例如大学考试、生活的考试，而这些是需要有所准备的。面对你爱的人，面对你的母亲、父亲、兄弟、姐妹、儿子、女儿，面对朋友的微笑，你要在人生中考出好成绩。

……

明天将公布高考的结果，我希望每个人都接受其结果，因为它是我们的孩子。你的孩子可能会失败，可能少了 0.5 个百分点，低于您的预期期望，但无论以哪种方式，我希望你能接受他，更重要的它是你的孩子。

不要失望于这一次考试，人生有这么多选择，我们每个人都是特别的。我们在生活中需要鼓励和爱，孩子特别需要我们家长的支持。要记住，生活的标志包括爱、关怀和幸福，爱的价值、关怀和幸福是无法用名誉、成功和金钱来衡量的。我们作为父母，请记住我们的脸也是一个标志。

这次考试，孩子拿着成绩回家时，我想所有的父母拥抱他的孩子时，感受到了爱的力量，就像我的父亲。

这门考试，我希望老师和校长对待没有做好的学生，以及离排行榜遥不可及的另一端的孩子，给予他们鼓励和支持。

孩子们，你的父母有任何问题时，请让他们观看《地球上的星星》和《三傻》。孩子是有能力改变世界的，不管你的考试成绩怎样。在这个世界上，你会获得你自己的成绩。

我相信，这位在大陆另一端的电影人，和我们一样在做教育，在认真地做教育，做属于人的教育、属于心灵的教育、属于上帝的教育。

那晚，我做了一个梦，梦见我站在岸边，拿着鞭子训斥一条躺在沙滩上的鱼，可是不论我怎么鞭打责骂，它始终不能跑得像兔子一样快，甚至竭尽全力，都比不上乌龟。我想我并不知道它是一条鱼，后来，连他自己也不知道了，它和我一样，以为它也许是一只兔子，或者是一只乌龟。我们都没发现，其实水就在旁边，它是一条靠近水边的鱼。

边走边忆

——让教师感动的瞬间

分 临天下

　　我一直自诩是个"宠辱不惊"的人，所以 7 月 11 号一大早 Bill 拉着 Alex 上网去核对高考答案的时候，我颇有些不以为然。Bill 是英语老师，我最好的搭档，Alex 是我们最喜欢的学生。而在 7 月 10 号高考刚过，我们班就搞了一个毕业晚会，晚上 11 点钟晚会结束，他们还意犹未尽，又到我家里狂欢了一个通宵。我已经疲惫不堪了，而 Bill 这个怪物却精神抖擞，拉着 Alex 到网吧上网去了。

　　我的好梦没持续多久，上午 10 点钟不到，两个"混蛋"把我从床上拖起来，告诉我 Alex 上北大中文系已十拿九稳。从网上公布的答案看，Alex 的总分至少 630，我教的语文 Alex 一卷只错了一道，得分是 57 分，语文至少 130 分。Alex 报北大是我和 Bill 从他高二时就一直坚持的，在我们这个偏僻的小镇，还没有谁考上过这所闻名中外的著名学府。而在为 Alex 辅导志愿的日日夜夜里，我们每个人都承受了来自于各方面的沉重压力，包括来自于同事的。我们听得最多的就是说我们为了评职称而让孩子去冒险——Alex 如果上不了北大，很可能掉到一般本科。而如果他不报北大的话，直接考人大或者是复旦应该是没有问题的。而现在，听说对答案后成绩不错，我终于松了口气。

　　于是我终于决定上网了，因为听说网上可以第一时间查分。我买了调制解调器，电脑公司的老板很真诚地劝我别买，因为有消息说不久就要上宽带网了，没必要重复投资，我说我等不及了。大费一番周折后，我终于买到了查分卡，这时才知道这卡只能查一个人的成绩。虽然有些失望，但我还是毫不犹豫地输入了 Alex 的准考证号。

7 月 24 日晚上，终于查到了。

我开始给 Alex 打电话，才想起我还在网上（那时候还是拨号上网）。于是放下啤酒瓶，拿出手机，刚一开机，手机就响了，是 Bill 的，平时看上去玩世不恭的他这时有很沉重的喘息："Alex 怎么样?"

我停了很久，我想这时候 Bill 肯定觉得等待了一个世纪。

"不好，比预想的少了很多。"

那边又经历了一个世纪。

"那只好面对现实了。"

挂断电话，我拨通了 Alex 的电话："查到了。"

电话线那边的喘息声更粗重。

"你来一下好吗?"

我挂断了电话，重新又拿起了啤酒瓶，Alex 很快来了，我顺手递了一瓶给他，他望着电脑屏幕，不说一句话。

风扇的声音很大，屏幕上的分数无声地瞧着我们。我们静静地喝着酒，我感觉到 Alex 的眼睛开始变得和酒一样湿润。

"语文和预想的一样，英语和综合科稍差，比预想的少了将近 20 分。"

这时我看见屏幕边缘有一个"你认为北京高考录取线比外地低太多，这种情况是否公平"的问卷调查，我点击进入，毫不犹豫地在"不公平"一栏中打了个勾。

"感觉怎样?"

我知道这时问这问题很愚蠢，但我找不到其他的话。

"我害怕面对妈妈。"

Alex 的母亲在他还只有 5 岁时就离了婚，孩子是她唯一的希望。我知道，如果 Alex 只考了个一般本科，最无法面对她的实际上是我和 Bill。

"我想打个电话。"Alex 静静地说。

我把手机递给他，他拨通了 Bill 的号码。

"Sir, I'm so sorry!"

Alex 哭了，再也说不出一句话。我默默地拿过手机挂断。我不知道 Bill 此时如何，但我想跟我们肯定也差不多，虽然他不喝酒。

我们就这样静静地坐着，手机开始频繁地响铃，都是学生来通报刚查到的成绩的。隔着布满电波的空间，我可以看到他们或欣喜或焦虑或痛苦或悔恨的脸。

电话开始少了，电脑上的时钟显示已是凌晨 1 点。

"你该回家了。"

我陪着 Alex 走出来，外面很热闹，对于很多人来说，今天只是个很平常的日子，没有什么特别的，夜生活才刚刚开始，街两旁店铺灯火辉煌，人行道上，白天不敢出现的小商贩在满怀信心地展示着自己的商品。路旁每个小火锅摊都是高朋满座，氤氲的蒸气缭绕在人们满头大汗的头顶上。没人关心一个高考考砸了的学生和他的老师们的心情。

我们默默地走着，都想说些什么，但都没说什么。街灯开始昏暗，已经到了 Alex 的家门口。

"你准备什么时候告诉妈妈你的成绩?"

我终于开口。

"不知道，也许等她哪天心情好的时候。"

这个只有 17 岁的孩子经常表现出同龄人很少有的男子汉气概。

"要不，你别告诉妈妈，等我和 Bill 来告诉她。"

虽然我知道这样很难，但我想 Bill 和我的想法肯定是一样的。

Alex 没说话，默默进了屋。我开始往回走，手机又响了，是 Bill 的。

"告诉 Alex，刚才他对我说'sorry'，其实应该说'sorry'的是我，因为他的英语没考好，而我是他的英语老师。还有，明天我们一起到他家去，告诉他妈妈他的成绩，如果有什么要怪的话，都只能怪我们俩。"

我正要挂电话，Bill 又叫住了我："还有，如果 Alex 要复读的话，我建议我们为他出复读的费用，我们的事情，必须负责到底，你看如何?"

我答应了，挂了电话。我感觉我的眼睛也开始变得和酒一样湿润。

把电话放回口袋的时候，我看了看上面的时间:2001 年 7 月 25 日。

"7 月 25 日，这也就是个很普通的日子。"

我自言自语地说。

老师，抱抱我好吗

孩子们在教室里认真地做着练习，一声不响，我在教室里巡视，看着这群一个多月之后就要离我而去的学生，我突然想起了 2001 年 7 月 8 日的那个夜晚。

我以前带的高三，总是高考完了之后大家作鸟兽散，不知道为什么，2001 级学生毕业的时候，老师和学生都不约而同地想到要搞毕业晚会，不过肯定不是因为还剩下一点班费。7 月 8 日，全体师生从硝烟弥漫的考场上下来，就一起来到实际上已经不属于我们的教室里布置会场，男生忙着采购各种晚会用品，女生则心灵手巧地布置教室，而我则专程到理发店里去理发，刮去两个月没理会的大胡子。虽然已是盛夏，我仍然穿上一件新衬衫，系上领带，以示隆重。

由于我回来时间晚，晚会直到 8 点才开始，不过大家都不在乎，反正明天没有课了。孩子们很能干，一个多小时内，就把晚会议程安排得井井有条，虽然不免有些老套——无外乎谁谁唱歌，谁谁跳舞，谁谁做游戏之类。由于大家已经不再是中学生了，所以我事先特别嘱咐买东西的几个孩子今天可以买酒，结果他们提了三桶扎啤、两件啤酒，还有两瓶大香槟，但是我最注意的是几个居心叵测的小子买的蛋糕。

当他们推着教物理的东东（他们叫东哥）上台唱歌的时候，我从几个"阴谋家"的眼神中已经发觉了势头不对，于是慢慢地将自己的椅子移到门旁边，接下来的事情不出我的预料：灯突然熄灭，教室里一阵狂乱——喊的、叫的、惊呼的、逃跑的，中间力拉崩倒之声不绝于耳。其实灯还未灭的

时候，我就已经看见 Alex 和小春手里拿着奶油"狞笑着"靠近我，久经沙场的我立即飞奔出教室，两个小子紧追不舍。不知道是百米曾跑过 12 秒 7 的我宝刀未老，还是艰苦的学习使他们的身体素质有所下降，两个小子一直追着我出校门，上大街还追了 500 多米，竟然还是没追上。但此时的我也是"强弩之末"，于是我气喘吁吁地蹲在马路这边，两个孩子气喘吁吁地蹲在马路那边。我主动求和："我们做笔交易吧，大家都回去，我就告诉他们，你们追上我了，而且请我吃了奶油，免得他们说你们没用。"两个笨小子审时度势，接受了我的条件，于是我主动走过去，将他们手上的奶油沾了一点，抹在头上，意思意思。

回到教室，几个男生正在一起抓住教英语的 Bill 的四肢，合力把他朝上抛，教室里喧闹成一团，几个孩子看见我回来，嚷着要"抛昆哥"，我说我有恐高症，还是算了吧，作为交换，我给你们唱歌。一个孩子将我的吉他递给我。我说，读大学的时候，我们几个男生经常在寝室熄灯之后，点起蜡烛，唱这首歌：

> 五彩辉煌的夜晚，
> 屋内的灯光有些昏黄，
> 我们燃烧着无尽的温暖，
> 虽然空气中，
> 有些凄凉。

扎啤已经喝完了，两件啤酒也所剩无几，教室里横七竖八尽是酒瓶，很潦倒的样子，我听到有人开始轻轻地抽泣。

> 会有那么一天，
> 会有那么一天，
> 不用再一个人孤孤单单地回家。
> 会有那么一天，
> 会有那么一天，
> 不会再迷失在走过的天桥上。
> 会有那么一天，
> 会有那么一天，
> 我们会拥有天外的天。
> 会有那么一天，

会有那么一天，

我们的路，

将决不后悔……

教室里已经哭成一团，几个男生走到东东和 Bill 面前，像男子汉一样慢慢地和老师拥抱。我不知道东东和 Bill 流泪了没有，因为我的眼中已经模糊。婷婷、可可还有睿儿几个女生也站起来，走到老师面前，用几乎已经泣不成声的音调说："老师，抱抱我，好吗?"

我看见几个男老师略微迟疑了一下，随后紧紧地抱住了几个孩子。

那天，很多人都醉了，因为大家都知道，从此，三年的情谊很可能将永远画上句号，曾经的风风雨雨、坎坎坷坷将成为记忆。甚至，大家将永远相忘于江湖，成为路人。

三年后的今天：

Alex 考入北大英语系，可能要继续读研。

小春在西南交大，很少见面。

睿儿考入四川大学，读预防医学，不知道她和男朋友是否还在一起。

苗苗在重大读建筑专业，据说很累。

小泉在同济读建筑专业，和苗苗一样辛苦。

阿春在上海财经大学读基础数学专业，据说还不错。

雯雯在我的母校读化学专业，前几天发短信叫我帮她问问以前档案的事。

婷婷考入郑州警校，前几天看见她一身警服，更漂亮了。

小婷儿高考落榜，复读之后考上四川外国语学校。

可可高考落榜，第二次高考后，因发挥失常而自杀。

……

孩子们在教室里认真地做着练习，一声不响，我在教室里巡视，看着这群一个多月之后就要离我而去的学生，我突然想起了 2001 年 7 月 8 日的那个夜晚，想起了婷婷、可可还有睿儿几个女孩眼泪盈眶，怯生生地走到几个男老师面前，用几乎已经泣不成声的音调说：

"老师，抱抱我，好吗?"

关 于阿良

想起阿良这个名字，脑海里总是浮现出那个外表桀骜不驯、内心又很脆弱的孩子，当然，还有他给我带来的无穷无尽的烦恼和郁闷。

1. 开端

先从98届3班说起。

98届3班，可以说是全校最"垃圾"的一个班，集中了年级最有号召力的"大哥""大姐"。课堂秩序几乎不存在，几个"大哥""大姐"整天想的就是怎么无事生非。前一个班主任带了他们一年半，听说我来接替他，几乎就要请我喝酒了。

上任不到一个星期，学生便开始跟我较劲。

那是一个晚自习，打铃几分钟之后，我到教室，结果竟然看到全班同学都站在教室门外，当堂的老师也拿着书站在门口。我很奇怪，上前询问是怎么回事，几个学生坏笑着说："锁被堵住了。"

我上前一看，果然！锁眼不知道被什么东西堵得严严实实，用什么都掏不出来。我明白，这肯定是那些不想上晚自习的家伙干的好事。更让我气愤的是，那个应该上课的老师竟然也没有任何行动。我明白，他其实和学生的想法一样——打不开门，待会儿就散了算了。但是我不好发作，仍然想办法去开锁，可是锁眼堵得实在太严实，根本没办法弄开。

几个学生在后面有些幸灾乐祸："算了，打不开了，散了算了！"

我听了气不打一处来："等着吧！"

锁还是没有打开，我甚至感觉那个老师都在嫌我多事了。我直起腰，大声说："全部退后！"

学生不知道我要干什么，往后退了一些。我抬起腿，一脚踢过去，门应声而开。我恶狠狠地瞪了他们一眼说："上课！"

学生们很失望，但是又不敢违抗，只好郁闷地走进教室，包括那个根本不想在我们班上课的老师。

可是，没过两天，又出事了。

那天，是我的晚自习，走进教室之后，教室里面乱得像大闹天宫，而且没有开灯。我问是怎么回事，学生说灯线断了（那时候学校使用的还是拉线开关）。我一看，果然是灯线断了。可是，居然是整个教室的灯线全部断了，而且是从开关里面断的，我知道，还是他们干的好事。教室里面的开关很高，就是我都要在课桌上搭两把椅子才能够得着。学生想看我如何处置，几个为首的还得意洋洋。我赌气说："今天，我们就在黑暗中上晚自习！"

学生哗然，纷纷叫嚷，我愤怒之极："要上就上，不上就别到这里来！"

……

第二天，我把这事告诉了总务主任。他说蓄意破坏公物是要罚款的，我问罚多少，他说罚款 60 元。我郁闷之极，几根绳子就要 60 元？但是没有办法，只好叫学生从班费里拿钱出来交了罚款。

2. 运动会

几次事情之后，我终于越来越注意阿良了。

在后排一个角落的座位上，我总觉得有一双眼睛在冷冷地盯着我。在有些同学认真听课的时候，总能感觉到那双眼睛只是在冷笑。刚经历的门锁事件和灯线事件，我也想查个水落石出，但是不管向哪个学生了解，遇到的都是铜墙铁壁，于是也只好不了了之。班上依然时常出事，依然平静不下来。

运动会到了，按照惯例，我领到了报名表，交给体育委员阿良，叫他组织同学报名。我们班虽然文化课成绩和纪律很差，但是体育却是全校首屈一指的，我满以为这次我们能向全校好好表现一下了，于是在报名之前还在班上进行了一番激情洋溢的演讲，大意不过是为了集体荣誉，我们必须全力以赴为班争光云云。几天后，我问阿良名报完了没有。谁知他说一个都没报！我大怒，问他怎么回事。他说，同学们说，参加运动会要耗费体力，很辛苦，所以应该按照项目分给奖金。

参加运动会还要给奖金！我还是头一次听说这样的谬论。我当时就很生气，但是在办公室又不好发作，于是就问他要给多少钱，他说一分5块。我算了一下，一般来说我们班能在运动会上得五六百分，这样一来，就要为运动会奖金支出两三千块钱，这几乎就是班费的全部！于是我叫他下去再去做做同学们的工作，我再考虑一下。

我几乎是用仇恨的眼光盯着他走出办公室的，然后才开始平静下来想一想，突然又觉得学生的建议也不是没有合理之处：学校每学期对学习成绩优异的学生都要进行物质奖励，也就是发奖学金，除此之外，有些班主任还额外用班费对这些学生进行奖励，这些奖励都是学校"纳税人"的钱，那么对体育成绩优异的学生进行奖励又有什么不可呢？想到这里，我觉得好像有些坦然了。不过阿良这小子要的价实在太高，只需要这一次，我们班的班费就会让这几个小子掏空。于是，我决定谈判。

第二天，我叫来阿良在内的几个班委，商量这件事情。我首先表示同意对运动会作出贡献的同学进行物质奖励，孩子们一下就兴奋了起来。接着，我又说明，他们的要价太高，班费是全班同学交的，即使是奖励，也应该有理有度，不可挖空吃尽。于是，经过紧张的"谈判"，最后定下来，每分奖励两元。

这其实只是我跟阿良的第一次较量，而且这次较量以双方的妥协而告终。但是以后的较量却不是这么简单了。

3. "退学"风波

记得那时候，每个星期一上班的时候，我总是祈祷上苍：上帝保佑，这个星期别再又出什么乱子了。但是好像上苍从来没有听见过我的祈祷，该出的乱子还是照出不误，而很多时候，乱子总是与阿良有关：迟到、旷课、顶撞老师、打架等等。谈话无数，沟通无数，总是不见效果，于是我打算请家长协助。

事先我知道，阿良的父母已经离异，他母亲带着他一起生活，但是那次他母亲出差了，于是我辗转多次终于找到了他父亲的电话。

"你好！是阿良的父亲吗？我是他的班主任……"

"哦，我和他妈已经离婚了，他妈在带他，有什么事情你跟他妈说吧！"

我大怒，说："不管你们是否离婚，这儿子永远是你的儿子！"

可是对方已经放下了电话。

其实我也知道，就算请来了家长，又能怎么样呢？阿良的妈妈也来过很

边走边忆——让教师感动的瞬间

多次，每次都是恨铁不成钢的样子，最多哭哭啼啼一番，也拿他一点办法没有。何况，我自己就是最讨厌请家长的。

但是，有这个坏小子在班上，我的工作就苦不堪言：他不仅自己不交作业，而且还嘲讽其他交作业的同学；卫生经常不打扫；寝室一塌糊涂；迟到旷课是常事，有时候能"坚持"在班上上一个星期的课……在班上他是"老大"，而且还走出班级，走向全校甚至社会。终于，有那么一天，出大事了。

事情发生在一个周末，阿良和我们班的两个孩子出去喝酒，之后又到歌厅唱歌，再之后的事情就有些口径不一了。据他们说，是歌厅的老板娘向他们推荐"小姐"遭到他们拒绝，于是对方不满，叫来保安，跟他们打了起来。可是歌厅方面的说法却是，几个小子喝多了，想调戏老板娘，于是发生冲突。虽然这几个都是我的学生，可是我倒是更相信后一种说法。不过有一点倒是事实：经过一场"奋战"之后，他们三个人将两个保安打得住院，还有两个受轻伤，最后大家一起到派出所"玩"了一天。

我想我再也不能忍受了，担任这个班主任以来，几乎每天都是在胆战心惊中渡过，至于什么班级评比红旗、评比班主任津贴，我是从来不敢过问的。开年级会的时候，大家都在热火朝天地谈论尖子班的学生、成绩、表现，仿佛根本就没有我们班的存在，更没有我这个班主任的存在。领导甚至也从来没有问问我，我们班有什么问题。现在又出了这么一件事，我决定，一定要不惜任何代价撵他走。

我找到了校长，向他历数了阿良的种种"恶行"，并痛陈了我当班主任的种种悲哀和痛苦，最后让他觉得，如果不把这种"害群之马"赶出学校，不仅是我的不幸，也不仅是 3 班的不幸，更是学校的不幸。于是，校长终于决定，让阿良退学。他叫我约阿良母亲来，先通知她，然后再带她到校长室，由他亲自告诉她她儿子退学的事情。

我不知道当时我是不是雀跃着出校长室的，反正欣喜难以言表。回办公室之后，我就打电话约他母亲到学校，我想，摊牌的时候终于到了。

阿良的母亲如约前来，其实在我当班主任不长的时间里面，她已经是办公室的常客了。我看过很多这样的家长，因为孩子在学校表现不好，家长走进办公室的时候都是怯生生的。

说了没有多久，他母亲已经明白了他的情况，可能也猜出了学校的意思，照理说下面也不应该还有什么谈的了，但是我们那天却谈了两个多小时。她说自己在阿良初二的时候离婚，以前的阿良很乖，学习也很好，可是后来父母感情不和，父亲也不再关心孩子了。为了引起父亲的注意，阿良开始是故意表现不好，上课不听课，成绩下降，希望能以这样的形式让父亲关心自己，找到曾经有过的父爱。但是这种幼稚的做法一点作用也没有，父母还是离异了，而阿良的行为习惯却一直变差，成绩更是一落千丈，再也无法回升到以前的水平。上高中之后，被分到一个差班，孩子打击很大，而文理科分班之后，又被分在最差的 3 班，孩子更是失去了希望，于是破罐子破摔，变成了现在这个样子。父亲现在还是不管他（这点我倒是深有体会），母亲单位效益不好，为了生计也无暇照管孩子。她还说她知道，孩子总有一天会被学校开除的，落到今天这步田地，不能埋怨任何人，一切都是他自己造成的。不知为什么，我的心逐渐沉下来，开始时心中那种终于要撵阿良出去的兴奋慢慢减弱，最后荡然无存。我在想：将他赶出去之后，他会怎么样？

谈完之后，我请他母亲在办公室等待一会儿，我上楼去找校长。

我一进去，校长就问："跟家长谈了吗？"

"谈了。"

"家长同意退学了吗？"

"可以说同意了。"

"哦。"校长说，"那就叫她上来办理手续吧！"

"我改主意了，"我盯着校长惊奇的眼睛说，"我觉得这孩子还有救，我想，学校还可以再给他一次机会。"

校长又盯着我看了半天，说："那就照你说的办，这次的事情，按照学校规定进行处分，然后你进行教育吧。"

于是，阿良就这样留了下来。那是高二的下半期。

4. 圣诞节

高三上半期，到圣诞节了，孩子们都想搞个热热闹闹的晚会，虽然学校并不支持，但是我还是同意了。照我一贯的懒人做法，这些事情都是全部交给学生去办的，我届时光临就是了。晚上，我到教室的时候，惊奇地发现，教室中央，矗立着一棵巨大的圣诞树，而且是真正的柏树！树根处还有新砍伐的痕迹，树很高，安放在教室里，天花板把树梢都压弯了。树上悬挂着五颜六色的彩灯、美丽的彩纸，还有各种各样的圣诞礼物，把整个教室装扮得喜气洋洋。我问阿良："树是哪里来的？"

"捡的。"这小子满不在乎地回答。

"你再给我捡棵树来试试？是不是你们晚上偷偷到山上砍的？"

"我们怎么敢乱砍滥伐啊？"阿良还是那一副嬉皮笑脸的样子，"其实，是我们上山去玩，正好看见这棵树倒在地上，于是我们就把它扛回来了，呵呵！"

我又好气又好笑，但是又不得不佩服这帮小贼——晚上去砍这么大一棵树，不仅没被发现，而且居然还能把树偷运进"戒备森严"的校园，再堂而皇之地放在教室里。

不过那个圣诞节我们班的确吸引了不少人的目光，光那棵树就让人惊叹不已，阿良他们更是洋洋自得。而我却一直担心不知道什么时候护林队寻踪而至给我们班来个人赃俱获，我这班主任至少也算同谋之一，那人可就丢大了。好在我的担心是多余的，那个圣诞节终于平平安安地过了。

5. 闯祸

阿良好像变了，也许这只是我的错觉，但是至少很少再听说他打架。课他还是依旧逃，但是以前一个星期逃三四天，现在只逃一两天了。根据孟子"日攘一鸡"的理论，这无论如何也算是一个进步吧？而且跟以前相比，他在学习上的确也努力了许多，特别是他最差的化学。我帮他联系了学校的一个老师补课，这小子居然还进步神速，两个月内，成绩提高了六十多分，把我高兴坏了。因为这样，只要他成绩再有一二十分的进步，就够录取线了。谁知道，到高三下半期，离毕业还有三个月的时候，他又出事了。

那是一个周末，我在家吃中午饭，呼机响了（那时候还没有手机），我一看是一个不熟悉的号码，也就没有管他，谁知那该死的呼机却一直响个不停。我终于耐着性子跑到公用电话处去复机，电话里传来的是阿良几乎要哭出来的声音：

"夏老师，我出事了，来救我！"

"你在哪里？"

"在派出所！"

我一听头就大了，去年才去派出所"游览"了一圈，怎么这次又去了？但是事已至此，我也没有选择，只好找了辆三轮到派出所。一路上，我尽挑些最狠最恶毒的话骂这不长记性的小子，而且告诉自己，待会儿见到他以后，第一件事情就是一脚把他踹翻。

走进派出所大院，我看见阿良可怜兮兮地被手铐铐在自来水管上，挨着阴沟蹲着，一起铐着的还有两个我不认识的青年人。见到我来了，一个民警说："你就是他老师吧？他是你的学生吗？"

我说是。

"你这学生也奇怪啊，出事了是叫老师，而不是找家长！"他说。

我哭笑不得，只好问："出什么事了？"

民警告诉我，昨天晚上，他和这两个青年去吃麻辣烫，喝了很多酒，然后从锅里挑出了一只老鼠！（我向来是不惮以最坏的恶意来推测阿良的，所以我一直在猜想这老鼠是不是他们自己放进去然后想来敲诈老板的）之后与老板发生争执，三个人将整个店砸得稀烂，直到110应邀"前来助兴"。

警察告诉我，他们已经触犯了治安管理处罚条例，据说按照规定必须劳动教养。我一听就急了，说："可是他马上就要高中毕业了啊！能够商量一下吗？"

警察说要请示领导，叫我等一下，于是就出去了，这一去就一直没回来。我坐在办公室里生气，一句话也不想对阿良说，更懒得理他。时间就这样过去。一会儿，我忽然听到外面一个声音很熟悉，朝外一看，原来是我的一个学生的家长。他是刑警大队的队长，正到这里办事。我如遇救星，马上叫住他，把情况大致告诉了他，并请他帮我跟所长谈谈。家长很热心，终于帮我请来了所长。我对所长说，这孩子的确很调皮，家长也管不了，但是他这学期以来进步很大，很可能考上大学。我们的选择，可能将决定他今后三年是在劳改农场度过还是在大学度过。所长表示理解，并说现在这事情这个样子，必须要进行经济处罚。我问，多少？所长说，先交1500元吧！我身上没有带钱，于是打电话叫一个要好的同事给我带钱过来，并叮嘱他一定要保密。不多时，同事来了，他说他身上也没有多少钱，只有800元。我说先借我800吧，于是我把800元交给所长，并请所长答应我三件事：

第一，不要通知学校，因为阿良已经有处分在身，按照学校规定，再有一次处分就必须开除；

第二，不要记入他档案，因为这将影响孩子的终身；

第三，他父母离异，家境困难，能否将赔偿减低一些。

也许是有熟人在的缘故，所长答应前两条都没有问题，后一条要根据受害者的要求来评定。（后来商定的赔偿其实就只有那800元钱）

事情办完之后，那两个青年还被铐在水管上，我悄悄地把阿良领回了学校。回去之后，我将他领到一间空无一人的办公室，把门关上，取下眼镜，一拳把他打得"砰"的一声撞在门上，然后伸手抓住他领子恶狠狠地说："我戴上眼镜是老师，取下眼镜什么都不是！你要学就学，不学就还我800元，走人！"

三个月后，阿良高中毕业，考上大学。

再次见他是在一年以后，他长高了，长壮了，还当了学生会的体育部长，很是风光。他还是一副嬉皮笑脸的样子，向我敬了支香烟，说澳门要回归了，学校要进行演讲比赛，他是参赛选手，可是他中学语文学得太差，写不出稿子，希望我看在以往的面子上，再拉他一把，帮他写个演讲稿。我扔下烟朝他踹了一脚，说："我好不容易才像送瘟神一样把你送走，你还敢来烦我？"

在 盐外的日子

1. 花团锦簇和"五朵金花"

如果我还留在原来的学校，我不会再担任班主任了。因为校长曾经答应过我，下次不会让我继续当班主任了。可是来到盐外，我知道这个希望要落空了。行走"江湖"多年，"江湖"规矩还是明白的：初到宝地，一切随俗吧。所以，当果丹皮校长隆重通知我将荣任文科班高二（3）班的班主任的时候，我的反应还是比较自然的，至少还没有一下晕过去，直到接到学生名单的那一刻。

全班29名学生，女生24名，男生5名！虽然当文科班班主任不是第一次了，但是如此的阴阳失调我真的还是第一次遇到。于是报名的时候，女孩子们翩翩而来，花团锦簇，男孩子反倒有些羞涩，迟迟疑疑走进教室，还问一句："我们班真的只有我们几个男生吗？"

于是我就很郑重地告诉他们："从目前情况看，咱们班要组织男子足球队是不大可能了，但是组织个男子篮球队还是有希望的，虽然没有替补队员……"

于是，5名男生成了我们班的"珍稀动物"，还被送一雅号，名曰"五朵金花"。

2. 座位问题

任班主任多年，已经无法描述我对有些班级对学生座位安排方法的厌恶之情了。区区一个教室的座位，成了评价学生的一个"有利的武器"。根据考试成绩排座位几乎成了约定俗成的办法，对学生座位的横加干涉已经顺理成章。甚至听说还有个别班主任将学生的座位当做自己向家长提条件和借此牟利的手段，这当然属于极端行为，姑且不论。于是，当报名结束，下午学生要来教室的时候，我就在想，孩子们的座位应该怎么安排？

这个问题困扰了我很久，中午吃饭的时候都没有想出个头绪，直到我和孩子们一起来到教室门前，打开门的一刹那，我终于决定了：不安排就是最好的安排！

门开了，孩子们问我："老师，座位怎么安排？"

我说："自己进去，选最喜欢的位子，随便坐！"

孩子们诧异地看了我一眼，就鱼贯而入，很快坐在了座位上。

我们新的学习生活就这样开始了。

一个多月之后的一次班会课上，我才这样告诉学生："班集体是我们自己的，座位也是我们自己的。我从来没有将座位作为惩罚或者表扬学生的手段的习惯，因为在这个教室中，我们每个人都是平等的一员，座位没有尊卑之别，正如人没有高下之分。在我的班里面，如果谁想调换座位，一般是通过你们自己协商的途径，我不会对你们的座位横加干涉。但是，也希望每位同学明白，座位对大家的学习是有影响的，我相信大家能做出正确的选择。"

Sally 因为家里的事情，开学之后一个月才到学校，座位安排在最后一排。有一天她告诉我，她想调到前排坐。我告诉了她我安排座位的事情，并说如果有同学愿意和她调换，她就可以坐到前面。几天后，她说不好意思去问同学。我说我也不能对别人的座位加以干涉，但是我有一个折中的办法：把桌子移到前排的走廊上，因为每周我们都要调换组与组的座位，那么下周就会是别的同学坐那里了，相信大家都会理解的。她照办了，于是，在走廊上就有了一个特殊的位子。

几天以后，另一位男同学找到我，说要调换座位。我问他原因，他说在原来的座位上老是管不住自己，要和旁边的同学说话。我说你找到愿意和你调换的同学了吗，他说找到了。我告诉他，这说明你已经有了控制自己的能力，恭喜你！我同意你的请求！

有时候我在想，靠控制学生的座位来达到控制学生的目的，还不如干脆把权利交给学生，让他们自己选择，并让他们学会为自己的选择负责，因为，他们正在长大，需要我们给他们长大的机会。

以下附上王晓春老师对我安排座位的评论：

摩西老师高明

我看过不少关于排座位的案例，最佩服摩西老师的理念。

其实我们在生活中参加的多数会议，座位都是自选的，而不是排定的。为什么学生的座位就百分之百要"排定"甚至"钦定"呢？

为了保障纪律，为了保障学习，为了"帮助差生"，甚至为了把座位当做一种评价系统和施压武器。

座位从教育的硬件变成了一种权力资源，这是座位的异化。

座位就是座位，如此而已。

让学生自选座位就会乱吗？摩西老师已经证明了，完全可能不乱。

如果孩子们只有坐在排好的座位上才能守纪律，那岂不等于说，他们不可能自觉吗？这样训练下去，孩子们的自觉性日渐减少，离开老师的严管，他们就胡闹，就是完全合乎逻辑的了。

想培养学生的自觉性而不让学生逐渐学会自主选择，那是缘木求鱼。

我的意思并不是说摩西老师的这种办法应该立刻推广，那样又违反自主选择的原则了。

摩西老师的学生是高中生，摩西老师威信高，而且应变能力强。他能收得拢，所以他敢放。

您不一定要机械模仿，但是您起码可以试一试，搞一个"自选座位周"如何？我觉得初中甚至小学都不妨试试。

学生找不到自主的感觉，将来就只能是臣民而不是公民。

教师找不到信任学生、尊重学生的感觉，就永远只能是一个"管学生的官"，谈不到是真正的教育者。

3. 图书馆里的故事

语文课每周都有一节阅读课，这在我以前的学校中是没有的。盐外的阅读课要求是到图书馆上，由于不清楚状况，第一次阅读课就"闯祸"了。

首先是学生的纪律很糟糕。在教室里"困"了很久的孩子们，到图书馆上课无异于"放风"，加上还有其他班的同学，喧嚣吵嚷不绝于耳，我和几个老师东奔西走，但仍然收效甚微。更有甚者，还没到下课时间，就有人蠢蠢欲动，几欲先走。几天之后的一次会议上，领导不点明批评了"个别"语文老师的阅读课纪律极其糟糕。刚到盐外，工作才刚刚开始，挨此批评当然无地自容。

后来，我在班会上提到了这事情，又告诉了他们一件事："大学的时候，我和你们师母谈恋爱（学生暗自窃笑），为了比翼双飞，我们经常在图书馆看书。有时候要说些什么事情，我们都不是用嘴，而是……用笔。"

孩子们很聪明，懂得了我的意思，于是，在以后的阅读课上，我们班的纪律好得出奇。而更让我感动的是这周的阅读课。

经过那一次教育之后，我们班的阅读课纪律已经很好了，孩子们都坐在座位上静静地看书，我也找了本书坐下静静读。

这时候，一个很不和谐的声音响了起来："喂！喂！喂！我在……"

学生和我一起抬头，原来是一个在图书馆看书的保安正在接电话。许多孩子脸上露出了不满的神色，几个学生用不太大的声音说："要打到外面去打嘛！"

我站起身来，向保安走去，不知道是他听到了同学们的话还是什么原因，保安的声音低下去了。我回过身，向我的孩子们竖了个大拇指，又回到我的座位上继续看书。谁知道我刚坐下，保安的声音又大起来了。孩子们几乎有些愤怒了，图书馆里面响起了孩子们不满的嘈杂声。我正想去干涉，我们的班长何雪梅从容站起，轻轻走到那个保安面前，用不大但是大家都能听清楚的声音说："你声音能小一些吗？谢谢！"

保安如梦初醒，站起身来，走出图书馆接电话去了。

第二天的自习课上，我对孩子们说："如果不是因为在图书馆，我真想为你们鼓掌！同学们一致的反应证明了我们班的同学拥有正确的是非观，这就是一种正气！就是我们的班风！而更让我感动的是，我们的班长何雪梅同学在这里当仁不让，担负起了作为集体领头人的责任。这虽然只是一件小事，但是我从这件事中看到了我们班集体全体成员的素质，还有我们班委同学强烈的责任心！"

以下附上王晓春老师的评论：

我为你们而骄傲
——有时候人只需要一个提醒

阅读课纪律糟糕，班主任通常的做法是什么？不外乎以下几种：

一、说教。比如，讲阅读的伟大意义呀，阅读时安静环境的重要性呀，等等。

二、批评。包括个别训斥和集体训导。

三、赏罚。制订赏罚制度，指定监督人，各小组评比、排队。

四、搞活动。例如搞一个"我爱阅读"的班会，安排几个声情并茂的朗诵，唱几首有关无关的歌曲，讲几个名人故事，活动最后都要点题——遵守纪律。

这些方法给人的感觉是，阅读课纪律不好这件事特重大、特沉重，关系每个人的未来（千里之堤，溃于蚁穴），所有人都必须提高警惕、严防死守。

我们很多班主任就是这样工作的，每天制造紧张空气，终于把孩子们的神经弄麻木了——你爱说什么说什么，给你个耳朵就是了。

摩西老师采用的办法完全不同："大学的时候，我和你们师母谈恋爱（学生暗自窃笑），为了比翼双飞，我们经常在图书馆看书。有时候要说些什么事情，我们都不是用嘴，而是……用笔"

就这样闲聊天一样，轻轻一点，一个提醒，问题初步解决了。

别的老师举轻若重，摩西老师举重若轻。

请不要小看这几句"闲聊天"，话不多，含金量却很高。这是一个很优秀的教育情境设计：

第一，这个情境突破了所有常见的抓纪律的思路，给学生新鲜感。新鲜的东西总是吸引人的。

第二，摩西老师把学生当大人，平等地谈自己的经历。这样说话，学生爱听。

第三，摩西老师向学生透漏个人恋爱镜头，青春期的孩子，肯定会支着耳朵听，句句流入心田，一句顶一百句。而且你要知道，青年男女们都喜欢在异性面前"装文明，玩深沉"。摩西老师把自己当年文明礼貌、比翼双飞的画面一描述，谁还好意思在班里当着异性同学的面喧哗？

第四，摩西老师语言简练，不枝不蔓。没等学生听烦，他已经说完了。

这才叫高效率，高"科技含量"。

如此，当班主任才有点趣味。

每天脸色苍白，皱着眉头和学生较劲，成何形状！

最有趣的是当那个保安破坏安静的时候班长的做法。她像老师一样从容，她像老师一样举重若轻，她像老师一样，只是给了一个提醒。

有时候人只需要一个提醒。

我估计摩西老师做的时候一定没有想这样多，他可能只是灵机一动。

但是你要知道，这灵机一动的智慧可不是一年两年的功夫。

此之谓素质。

4. 黑暗中的歌者

法拉第、爱迪生这两个名字，总让我在特定的时候感觉到他们的伟大，这个特定的时刻就是停电的时刻。

而停电是从昨天下午就开始的，一直到今天。

吃晚饭的时候，我就在想这该死的电是否能在晚自习之前到来，但从各种迹象分析，这几乎是不可能的。于是我放下饭碗，和毓君一起回寝室，他回去是为了拿中午落下的手机，而我回去是为了拿我的吉他。

当我拿着吉他回到教学楼的时候，天几乎已经黑尽了，教学楼的窗口黑洞洞的，上课铃还没有响，学生一片喧嚣，德育处的几个老师忙着在楼下维持秩序。我扛着吉他大步走进教学楼，几个孩子看见了，爆发出一阵狂喜的尖叫，有个孩子半开玩笑说："夏老，我们正打算点蜡烛做《语文优化设计》呢！"

我也开玩笑地打了他一下："少来了！你们什么时候有这么乖了！"

走近教室，里面的孩子们更是喜出望外，我问："人都齐了吗？"

班长回答："还有几个在操场上。"

我说："叫他们回来。"

于是几个孩子站到窗口，一起说："一，二，三！高二（3）班的同学回教室了！"

几个在操场闲逛的孩子回来了，我找了张椅子随便坐下，孩子们全部席地而坐，围绕在我身边。教室外面还有吵嚷声，但是教室里面却是一片安静。琴弦轻轻拨起，孩子们的声音在黑暗中清晰，青春的、没有污染的歌声在黑暗中轻轻地荡漾：

> 朋友一生一起走，
> 说声朋友你会懂，
> 一生情，一辈子，
> 一句话，一首歌。
> ……

我告诉他们，我刚进大学的时候最喜欢齐秦的《大约在冬季》。他们告诉我，他们喜欢朴树，喜欢周杰伦的《双截棍》。我说我老了，他们说那么我们就唱老歌吧，他们说我们也喜欢《恰似你的温柔》。我说最近我经常唱《外面的世界》，他们说齐秦的《狼》用木吉他弹不好听。我说叶佩斯的《爱

的罗曼史》是古典吉他的代表曲目，他们说今天才知道《九百九十九朵玫瑰》原来是剽窃了《彝族舞曲》的旋律……

孩子们坐在地上，围在我身边，黑暗中，除了吉他声和轻轻的歌声，什么都没有。黑暗中的歌者，黑暗中的默契，黑暗中的师生情，黑暗中的美丽。

当电突然来的时候，孩子们同时发出失望的叹息，一个孩子奔过去，直接关上了日光灯，说是不能"破坏气氛"。我看了看手机上的时间，告诉他们上课时间到了，我该下去了。孩子们说："期待下次停电。"一个孩子还写了一首诗：

黑暗中的歌者
—— 写给摩西

某年某月的某个日子
几声喟叹
黑夜来临

被唤作高二（3）班的教室的某个角落
一群胡思乱想的孩子
举起远古的火焰
大踏步在水边逆流狂奔
一切充满偶然
孤独习惯在边缘行走

青春在燃烧
吉他的琴弦上
世界随时失重
隐隐地，是海德格尔的叫嚣
诗人，向死而生吧

若干年后
他们还在回忆这场流浪
流浪，流——浪……

若干年后

无聊的人们会在废纸堆中

某些不起眼的场合

捡拾到几行可怜的文字

泪如雨下……

——海陵寒雪

5. 惩罚？你们说了算

从生活老师口中知道我们班的三个男生中午可能在寝室打扑克的时候，我的感觉几乎可以用"震惊"来形容。

开学以来，从生活老师处了解到的都是孩子们如何好学、如何乖之类的表扬，在公开和私下的场合，我也多次对这学期孩子们的进步提出了表扬，但是没想到，开学一个月，有些孩子就故态复萌了。生活老师说，当她敲门的时候，孩子们已经把"罪证"收拾好了，但是她可以肯定他们在打牌，因此，我的第一个任务，是要搞清楚他们是否在打牌。

晚自习的时候，我把几个孩子叫出来，其中两个大概已经意识到了我找他们干什么，不敢直视我的脸，我心里就已经有了底。

"中午是怎么回事？"

"没怎么啊，"一个孩子若无其事地回答，"我们只是在聊天，生活老师就说我们在打扑克。"

我看着孩子的眼睛，慢慢地说："开学这么久了，我看到了你们的进步，我也说过，人的进步要靠自己的真诚。我很希望这次是生活老师误解了你们，但是你们自己想想是吗？一个真正的人，会将每一次错误都当成一次机会，一次正视自己、改正错误的机会……"

过了一会，孩子终于说："我们错了，我们是在寝室里面打牌……"

我轻轻地说："谢谢你们的真诚！我相信你们经过这次事情之后，以后能做得更好。那么这次的事情，我有两个要求：第一，回去之后，将扑克交给生活老师，并向老师承认错误；第二，接受班上的惩罚。"

孩子们答应了，我和他们一起回到教室，我走到讲台上，向全班同学通报了这一事件，然后说了我的处理办法："大家都知道，我们班并没有制订详细的班规，因为我相信每位同学都知道作为一个学生应该怎么去做。而这次三位同学违反了校规，对学校方面，他们将向生活老师承认错误，而在班

上，我们也必须要给予一定的惩罚。但是，这惩罚，由你们说了算！"

学生有些吃惊，我继续说："因为这个班集体是我们大家的，每个同学对违反纪律的行为都有监督权，而我们的集体更是对违反纪律的同学有处置权。因此，对于这几位同学，希望班委在商量之后，征求全班同学的意见，决定对他们的惩罚。但是希望注意一个问题：惩罚应该是善意的，你们决定之后，我将不会对你们的意见进行任何干涉。"

第二天，我问班长："你们决定了吗？"班长说决定了，让他们三个扛两个星期的水（盐外学生教室有饮水机，每个班都安排有学生到总务处去扛矿泉水），我说这惩罚倒是有意思，因为我们班只有 5 个男生，平时他们 5 个人就已经将扛水的活儿包下来了，这惩罚其实相当于没有。但是我想，惩罚也许并不是目的，因为我知道他们的确将扑克交给了生活老师，并向老师承认了错误，因此，这事的目的就已经达到了。

"其实有些同学很'贱'的！你如果不严厉惩罚，他们是不会改正的！"

这是我 01 级的一个学生亲口对我说的话。也许是自己的性格比较闲散吧，当班主任多年，我并不热衷于对学生采取人盯人战术，也不喜欢用太严厉的手段对犯错误的学生进行惩罚，上面一句话就是那个十分珍视班级荣誉的孩子在目睹了一些学生对我阳奉阴违之后，出于至诚对我的进言。

可是有时候我又在想：人又有几个不是"贱"的呢？难道严厉的惩罚就一定能起到作用吗？首先，这里的"严厉"的标准如何？在具体操作的时候，尺度又如何把握才不至于将惩罚作为老师泄愤的手段，才能不对孩子的健康成长起到负面作用？我觉得我不是一个善于掌握权力的人，也许是因为在我的心目中，惩罚学生并不是班主任的权力。

我一直以为，惩罚只是手段，而班主任很多时候并不能保证妥当正确地使用这种手段，当面对犯错误的学生的时候，班主任的重点应该是放在教育而不是惩罚上。如果惩罚不能起到应有的效果，那么还不如不惩罚。

6. 我的班长的周记

星期天回校，在课堂上批阅孩子们交的周记，发现了我的班长的这篇周记，阅读之后，感慨很多，现将其原文收录如下，除错别字之外，没有进行任何修改。

"奏折"

从开学到现在接近半期了，作为班长，我想谈谈我的一些感受。

从最开始接触您，我觉得您是我们的朋友，了解我们的思想和这个年龄阶段的心理感受，从而给了我们一个比较宽松的环境。我很同意您管理班级的理念和用心，这样可以培养我们，但是过于的"放纵"也会有弊端。虽然班级同学平时看似很乖，上课纪律也很好，但这并不表示每个人的学习效率就高。比如前段时间的"看电视问题"，有一方面就是由于您过于"放纵"，而您是在不知情的情况下，因此这里面也有我的责任，我没有及时和您沟通，反映班上的一些情况。在这以后，我会做好这方面的工作的。

作为文重班（文科重点班，作者注），成绩上不去也是一个问题，一个优秀的班集体不仅是表面而已。选择了文科，面临的压力不亚于理科生，在某种程度上我觉得文科生比理科生更有压力。而现在我们班的成绩并不理想，即使在年级上排名不错，这也是年级整体水平不高的原因。因此，我觉得可以适当的加压，适当的加压可以增加同学们学习的动力，我就是例子。

好的班级也应有好的"班级效应"，我想这也是作为管理者所希望看但的。这是一个循序渐进的过程，我和您都应做好这件事情，相信您是信任我的。

我当时给的评语是：十分感谢你的信任和坦诚！为有你这样的班长而感到幸运！关于班上的问题，希望我们能面对面交换意见。

星期一早餐过后，我将班长叫到办公室，对她周记里面提到的问题交换了的看法，并了解了一下班上最近的其他情况。孩子走后，我在想，有这样的班长真是我的幸运，同时，学生都觉得我过"松"，情况真的是这样吗？昨天晚上数学考试，预定的班会时间被占用了，我告诉班长今天晚上自习召开班会。我想，现在是时候了，我将告诉孩子们，我带班的想法。

有这样的班长和班委，有这样的孩子，我想，前途是很美好的。

7. 班会课上的简短发言

曾经有人开玩笑说："学校的班主任是最没有权力的'官'。"想来也是，成天在孩子堆里打滚，挣那不多的几个钱，可谓名不符实。可是我却以为，班主任又是最有权力的一种"官"。没有掌握人事权，掌握的却是孩子们的人生；没有掌握财权，掌握的却是无数家庭的幸福。而没有什么比这种权力更大的了。

我不是完人，正如你们也不是一样，无法承担如此重的责任，所以要你们和我一起承担，而这些权利和义务，本身就是属于你们的。

作为一个人，应该想到自己应该是顶天立地的，这里并不是说你要怎么出人头地，而是说你应该明白作为一个人应该具有的尊严和权利。这也许是最难的，但是如果大家能在前人的基础上哪怕有一点进步，那么这个国家也就在进步了。当你们自觉起来反对我这个班主任做出的不正确的决定的时候，你们能因为我的处理失当与我"对着干"的时候，恭喜各位！你们就具有一个真正的人应该具备的素质。

而权利与义务，也是相生相伴的，没有只享受权利的义务，正如没有只需要付出义务的权利。我欣赏这么一句话："天下兴亡，不能说匹夫有责，而是天下兴亡，就是我的责任！"不管是班级还是社会，都需要大家主人式的参与，而不是奴才式的屈从，而这种参与，首先也应该是明白自己义务的参与。我们班没有什么复杂的班规，也没有制订严格的处罚措施，因为我相信，在经历了10多年的学习之后，大家都明白什么是应该做的，什么是不应该做的。当进入这个集体的时候，就意味着你将为这个集体的发展尽你自己的义务，正如你应该享受作为这个集体一员的权利。

而我是想将大家培养成古人所说的能做到"慎独"的那种自觉的人，如西汉的杨震一样。当行贿者告诉他此事只有"你知我知"的时候，他能说："非，尚有天知地知鬼知神知。"我不信仰宗教，但是当我们自己无法保证自己的信仰的时候，我倒是宁愿相信"举头三尺有神明"。

我们的教育，是为了培养能自省的公民的，让我们一起努力！

8. 我的谬论录

（1）你可以对别人虚伪，但是一定要对自己真诚，因为每个人都需要成长。

（2）你们最容易欺骗的有两种人：爸爸妈妈和老师。因为他们都是最爱你们的人，因为爱，所以信任你们。

（3）我希望，对我们有些同学（成绩很差的同学）来说，高中的三年是你一生中最低潮的三年，因为这三年结束以后，你人生中几乎只凭成绩单上的几个阿拉伯数字来评判你的高下的时代将结束，你将走入一个更能展示你的才华和能力的时代，去亮出你真正的精彩。

（4）我不是以一个成功者的姿态，用我的所谓经验来教训你们，恰恰相

边走边忆——让教师感动的瞬间

65

反，我是以失败者的身份，用我的教训来帮助你们。也许，人类就是这样吸取前人失败的经验才不断进步的。

（5）一味地强调天性或者个性只有一个结果——人类现在还待在树上下不来，因为爬树是他们的天性。

（6）我们班上不是 29 个人，而是 30 个人，因为我和你们一样，都只是集体的一分子，我们在人格和权利上应该是平等的。

（7）长大了，不仅意味着有很多事情你能做了，更意味着有很多事情你不能做了。

9. 学会尊重

Richard 给我的感觉始终是个孩子，在他开学第二次周记的评语中，我说希望他能成为一个真正的男子汉，他母亲看了之后，写了一篇长长的回复，表示了她的感谢和对我的支持。这让我更坚信：我的观察是正确的。而这种正确，在开学不久就得到了印证。

一天，下了晚自习，我照例去学生寝室看孩子们，并和生活老师交流孩子们这段时间的情况。生活老师告诉我，Richard 其实还是很乖，就是有时候很任性，对生活老师的要求要么不理睬，要么我行我素，甚至有时候还对生活老师恶语相向。听了之后，我首先对生活老师解释，这孩子是有些小孩子气，他的不礼貌并不是故意的，并答应生活老师我一定做思想工作。

下来后我在想，我们学校的很多生活老师并不是教师出身，有些管理方法也许欠考虑，有些学生也跟我提过这方面的问题，但是这绝不是对生活老师无礼的理由，看来应该教他们学会怎么尊重别人了。

第二天晚自习的时候，我在班上谈到了这件事："我听说，我们有些寝室的同学，与生活老师意见不一致的时候，采取的是恶语相向的方式。我们先不论谁对谁错，我想告诉大家一个很简单的道理，就是什么是尊重。"

"你们尊重我吗？"

孩子们一起回答："尊重！"

我说："错了！你们对我的态度不叫尊重。原因很简单，因为我是你们的老师，虽然咱们天天说民主什么的，但是老师的地位还是高于学生。所以与其说你们是尊重我，倒不如说你们有几分惧怕。那么尊重到底是什么？"

"我觉得，对看上去地位比自己'低'的人的人格和地位的认同，对所有人的谦和才叫尊重。我大学时候有一个同学，跟我关系很糟糕，因为我讨

厌他那种谁都看不起的样子。有一次，他的父亲来看他，我想，儿子这样，爹也好不到哪里去。谁知道，他的父亲却异常地谦和。后来才知道，他父亲是一个大学的校长。"

我继续说着。学生发出了惊异的讨论声。

"于是，我得出一个结论：真正的学问，其实就是做人的学问。而做人很重要一个方面，就是学会去尊重别人。不尊重别人的人，是得不到别人的尊重的。"

"据我所知，我们的同学并不是有意去伤害生活老师的，充其量只是有些孩子气。但是你们已经长大了，你们的言行都会对别人产生直接间接的影响。或者说，每个人都将为自己的言行负责。"

下来之后，我搂着 Richard 的肩，他不好意思地笑了，我说："你知道了？"

他回答："知道了。"

我说："做个让你父母能为你骄傲的男子汉，别再小孩子气了，好吗？"

他回答："好！"

其实我知道，也许以后他还会这样，毕竟习惯已经养成，一时改正是困难的。但是，我们都应该给他机会，让他长大、成熟。

10. 名字问题

其实这个问题我今天和李老师、铁皮鼓聊天的时候就意识到了。李老师说，他班上的学生主动要求在随笔里面写他们自己的真实名字。但是十分尊重学生隐私的李老师又总觉得这样不大好，特别是随笔中涉及一些批评的时候，而且我们的随笔不仅网友在看，学生和他们的家长也在看，所以有些同学就用了化名，但是用英语缩写字母好像也总觉得有些没有生气。铁皮鼓和我也说有同样的感受。我说以前我写随笔的时候是用孩子的小名，比如婷婷、小春什么的，但是我心里也在想，现在我班上就有两个婷婷，我到时候该怎么写呢？李老师说是不是我们给他们再起个另外的名字，专门在随笔里面用？我们都表示赞成。

晚上回去准备上自习的时候，一个孩子走进办公室，有些怯生生地问："夏老，听说你在网上说了我的名字？"

我一下就明白了："是不是你觉得不大好？"

孩子点了点头。

我说："我和李老师、魏老师（铁皮鼓）今天还在说这事呢，我也感觉这样做不妥。这样，以后我不会再在随笔中用你们的真名了，好吗？"

孩子点点头，出去了。

不用真名，用什么呢？难道真的再给他们起个名字？

晚自习班会上完之后，我对孩子们说了这个问题，我也对我提了真名的孩子们的感觉表示理解。然后我问："大家觉得用真名不好，那么你们觉得用什么名字好呢？"

有孩子说："用外号！"

我笑了："大家同学互相之间叫外号，只要不是带侮辱性的，倒是还很亲切。但是如果我在网上也称你们的外号（我们班的同学有的外号叫"狒狒"，有的叫"乌龟"），那人家看的老师不把我骂死才怪！"

学生大笑，忽然有学生说："用英文名！"

我眼睛一亮："这个主意妙极了！"

我们班每个孩子都有自己的英文名，大多是他们自己起的，名字是孩子们自己的名字，又没有泄露隐私之嫌，妙！

于是，我挨个儿问了孩子们的英文名，一个个美丽的名字出现在我面前……我叫班长再挨个儿记录下孩子们的英文名字，回来之后输入电脑。从明天开始，出现在屏幕上的，将是一个个可爱而又鲜活的名字：Richard，Susan，Andy……

11. 班规拿来干什么

作为老班主任，一个新的班集体要制订班规我还是懂的。在以前的学校，还规定班规要和《中学生守则》、《中学生行为规范》一起上墙，可是我向来比较懒，而且习气根深蒂固，对所谓制订班规之类向来是不以为然的。

我经常在想：班规拿来干什么？是进一步规范学生吗？

照理说，宪法之类已经规定了学生的大方向不出问题，守则之类已经对学生应该具有的规范进行了限制，校规更是根据学校特点对学生进行了要求，还需要什么进一步的规范？是结合班级特点进行规范吗？您的班级和别的班级有什么多大的区别吗？为什么一定要您的班级做得与别的班级不一样？而且，让我们看看这些"特色"经常是怎样的特色吧。我看过多份班规，其中不乏这样的规定：

学校要求 7：50 上课，本班学生必须 7：30 到教室……

打扫卫生者，一次红旗未拿到，罚扫……

作业一次未交者，惩罚……

考试成绩低于多少名者，惩罚……

如此之类。

我要问的是：

（1）这些规定究竟是根据什么制订出来的？

（2）班主任是否有立法权？

（3）这种叠床架屋式的"立法"，是否在侵犯学生的正当权利？

（4）这些规章的制订，到底是为了学生的健康发展还是只是为了班主任便于管理，面子上好看？

其实，很多"小法"的制订，其原因不外乎两个：

（1）便于管理，利于创造业绩。

（2）好捞私利。

从制订班规开始的这种随意制订"法规"一类的事情，我以为已经严重损害了法规制度的严肃性，使学生觉得随便制订个规章是很正常的事情，即使这个规定与上一级规定矛盾，或者更苛刻，已经侵害了自己的合法权益，我们的学生也觉得这是权力的正常体现。

可是我还是必须制订班规，因为以前的学校要求制订而且要求上墙（虽然《教师法》并没有这个规定），据说这是班主任考核的一个重点，我再刁也不至于跟钱过不去。来到盐外之后，我仔细打听了一下，学校居然没有强制要求制订班规，我窃喜：偷懒的机会来了！

于是，当班集体建立，班干部选举出来的时候，我踱进教室（因为选举的时候我回避了），煞有介事地说："照理说，下一步应该制订班规了，但是我觉得，咱们需要遵守的太多了，如果大家真的能按照'守则''规范'要求的去做的话，已经就是一个优秀的中学生了，犯不着在这里再制订什么规范。如果说没有的话也不全对，所以在全校纷纷制订班规的大好形势下，我们还是随喜制订一个'约法三章'：第一，做好人；第二，做好事；第三，遵守该遵守的。完了！"

12. 药

以前看过一篇文章，说感冒了吃药其实不好，因为大多数感冒都能靠人体自身的免疫功能击退，所以我感冒一般是不吃药的，实在不行了，就去蒙

头大睡一场，再实在不行了，才象征性地吃一两次。不过这种方法好像也的确有用，到现在，98%的感冒都是靠我的人格魅力毫无悬念地将其战胜了，只是，这次的感冒好像属于那2%之列了。

感冒是上周就开始了，照例我是不吃药的，但是不知道是感冒病毒已经更新成了新的版本还是我的人格魅力有所下降，反正用以前的老办法基本不管用了。无奈之下，我抽了个空狂睡了几个小时，但是一切仍然依旧。加上我怙恶不悛，感冒期间坚持吸烟且有增无减，于是感冒如一江春水向东流，滚滚无穷且越来越重。上课的时候居然有时候都情不自禁要咳上两声，感觉一点都不像蒸不熟煮不烂的老刁民，倒像是弱不禁风的老冬烘。

下课之后，忙着坐到电脑前给学生打成绩，一个女孩进来了，问了问自己的成绩，随便说了几句，接着伸出手，摊开，把两盒药放在电脑桌上："药。"

"什么药？谁的？"

我一头雾水。

"给你的啊！这个药治疗咳嗽最好了，你吃吧！"

此刻说自己感动或者其他的什么好像都有些矫情了，一切好像都很自然，很平常。我知道是孩子听到我惊天动地的咳嗽，于是特意给我拿来的药，于是我腾出拿香烟的手把药拿过来："谢谢！"

"你咳嗽还抽烟啊！"

我有些无地自容："呵呵，坚持，坚持抽烟。"

上课铃响了，孩子走出去了，这个时候我突然才想到一个严重的问题，这个问题足以让孩子和看我帖子的孩子们义愤填膺：刚才的女孩是 Ariel？还是 Idelle？还是 Susan？还是 Toni？还是……

真是晕死！

13. 广播操问题

运动会之后，学校要参加成都市组织的一个中学生广播体操大赛，学校决定，以我们班为主体，并从其他班抽调部分同学组成代表队参加比赛。

为了参加比赛，运动会刚一结束，孩子们便投入了紧张的训练之中。每天晚上刚吃过晚饭，孩子们就在体育老师的带领下进行训练，一直训练到晚自习开始。到临近比赛的几天，他们连晚自习前两节课也占用了，专心进行练习。每次训练结束，孩子们大汗淋漓地回教室，一个个叫苦连天，但是却始终坚持，让人又心疼又骄傲。

比赛定在星期六早晨，上了两节课后，我和体育老师带着孩子们一起来到华西中学，经过紧张而漫长的等待之后，孩子们终于上场了。我和其他老师站在看台上，看着孩子们整齐划一的动作和朝气蓬勃的笑脸，心中感到如此骄傲。比赛结束之后，同去的学校杨校长反复表扬参加比赛的全体同学，直到昨天晚自习还提醒我们一定要好好表扬参赛的同学，说得大家都喜滋滋的。

今天星期一，第二节课后是做广播操时间，孩子们变了。

站在队列后面，孩子们的动作不再像比赛时一样标准，以前那种懒洋洋的动作又出现了，几个孩子仿佛也觉得不好意思，不时地东看看西望望，想看看别人做得怎么样，除了一两个平时就做得很规范的同学之外，其他同学几乎没有一个在认认真真做操。音乐结束了，体育老师宣布解散，几个聪明的孩子回头看着我，心想我一定会叫集合，说说这种情况。我没有宣布集合，让孩子们回教室了，因为下节课就是我的。

走在回教室的路上，几个孩子看着我不好意思地笑了，他们说其实他们也想认真做的，可是看到别人都不认真，好像自己认真就很不合时宜，于是只好胡乱做了。我半开玩笑地说："中国人之所以没有出息，就是因为这个。"

上课铃响了，我走进教室，谈到了这事情，孩子们都有些不好意思，我说："开学这么久了，有一件事情是全校有目共睹的：就是我们班在短短的两个月内，建立起了我们3班这个班集体。更重要的是：我们通过一系列的活动证明了我们3班是团结的，是有凝聚力的！

孩子们面有喜色。

可是我话头一转："但是，是不是有了凝聚力就是好的团队？不是！开个玩笑，黑社会也讲团结！据说海南曾经出现过一个黑社会成员被警方逮捕，于是数十名黑社会成员冲进警察局抢人的事件。这样冒着生命危险去救同伙，你难道说他们不够团结？"

学生大笑。

我继续说："所以，真正优秀的团队，凝聚力只是一个前提，更重要的是积极向上！"

几个孩子若有所思。

"中国有太多的关于怎样不引起人注意的技巧：'木秀于林，风必摧之；

堆出于岸，流必湍之；行高于世，众必非之。'‘枪打出头鸟。'‘出头的椽子先烂。'……于是，展示自己个性的人被指责为‘出风头'。于是，没有人敢于站出来宣布自己心中对崇高的渴望和追求。市民气、市侩气成为主流，庸俗小人成为时尚，而这个民族，也就越来越没有希望！"

"今天做操的时候，很多同学在注意看别人怎么做的，好像生怕自己比别人做得好而显得太引人注目，可是到底是谁才有权利判断我们的是非？是旁边的人吗？中国人总是将自己的价值建立在别人的评价之上，过分关注别人对自己的看法，可是如果当周围的人都不如你的时候，你这样做难道不是在降低自己的高度吗？"

"没有人有权利对你指手画脚，没有人有权利为你指定你的生活方式，因为标准就在你自己心里。当你确定你的做法是正确的时候，你就应该坚持自己的做法而不要和光同尘！因为，这就是个性！"

"我们全班代表盐外参加成都市的体操比赛，就已经说明我们是学校最棒的！而现在，大家从赛场上回来以后，却要以那些比我们差的同学的标准来要求自己，这不是很荒谬吗？难道大家在这青春年华就如此老练地学会了韬光养晦？"

"中国需要的不是和光同尘的人，需要的是敢为天下先的勇士；需要的不是不言是非的好好先生，需要的是旗帜鲜明的敢想敢为者！而今天大家的表现让我十分遗憾！一个最好的集体，却因为一些荒谬的原因而刻意降低自己的标准，那么有人比你矮，你是否就一定要蹲下以表示你和他彼此平等？如果有人比你丑，那岂不是你应该自己毁容以和他不分伯仲？"

学生大笑。

"我们需要的不仅仅是一个团结的集体，更需要一个团结而且积极向上的团队！我们每个人心里面都应该有正确的是非观，都要有坚持自己的原则的勇气，甚至还要有因为坚持自己的原则而被别人讥讽的心理准备！"

接着，我讲述了我自己对"出风头"的一些看法，我告诉他们，老师从小就是一个爱"出风头"的人，如果是为了坚持自己的原则，为了坚持正确的做法，恰恰应该敢于"出风头"，敢于与别人不一样。

一节课很快过去了，今天这节课没有讲课，但是，如果孩子们真正理解了我的话，这堂课也许才是最重要的。

14. 老师，脱我"衣服"的时候轻一点

似乎我一直没有对大家老实交代，到盐外之后，我任教的是两个班，一

个是文科班高二（3）班，并担任班主任，一个是理科班高二（5）班。

比起女生占大多数的 3 班，男生占大多数的 5 班可以说"特色"是很明显的：一群高大威猛的男孩子在教室里充当主力，下课之后狼奔豕突、硝烟四起；上课的时候总有几个不安分的男孩蠢蠢欲动，不是跟旁边的孩子说话，就是接起老师上课的只言片语胡乱接嘴；有些孩子甚至故意在课堂上出洋相以引起别人的注意，获得满足。

刚上这个班的课的时候，我感觉上课简直是一种折磨。按我平素的"微笑战术"走进教室，孩子们最多能安静 10 分钟，之后则是说话声此起彼伏，于是几乎每节课都要拿出几分钟甚至十几分钟来维持纪律。

我维持纪律的风格是比较刁的。因为我在当学生的时候很多时候就不是一个"好学生"，上山打鸟，下河摸鱼，迟到旷课，打架斗殴，偷农民伯伯的白菜，砸政教主任的玻璃，为非作歹，无恶不作。我经常感叹现在的孩子调皮得没有一点创意，我们 10 多年前的招数，他们现在还在使用，一点儿没有与时俱进的精神。再加之以前"差"班也带过，常常是学生敢上房揭瓦，洒家就飞天揽月，看谁更高；将"黑社会"的管理模式引入学校，跟优秀学生比谁更白，跟问题学生较谁更"坏"，"白对白，黑吃黑"，无所不至。比如，上次有个孩子上课故意接嘴出洋相，我就针对这事，专门进行了"洋相教育"，具体的语言已经忘了，但是说话肯定是比较尖刻的，因为此后，好多喜欢哗众取宠的学生就老实多了。

今天改 5 班的作文，翻开一本，却意外地发现了这样一篇文章：

我的自白书

敬爱的老师：

您好！很惊奇吗？不要吃惊，我只是借此抒发一下自己内心的感情。我也不知道我是哪类人，但至少不会是那种赤裸裸的。因为，自从人类知道羞耻之后，就懂得披上兽皮，就像一旦有利益的存在，人们就懂得了伪装。您比我大，比我经历的多，那么换句话说，就是伪装得比我深。但亲爱的老师多次无情地剥去那些遮羞的"外衣"，常常让我无地自容——因为我的"外衣"常常穿反。不过，还得谢谢您，正是因为您，我才感到穿着的重要性，才会体会什么才叫羞耻。不过，话又说回来，我真的希望老师在脱我"衣服"时能轻一点，因为里面包着的毕竟是肉啊！

××

我在他的作文本上写下了这样的评语：感谢你的真诚，也为我的尖刻而抱歉，接受你的批评！

关上作文本，我想：我做得是否过分了？这是班上一个经常在上课的时候跟我开些无厘头玩笑被我训斥多次的男生，是我好几次在班上不点明批评的对象。在班上，他总是一副软硬不吃的样子，很多次我几乎对他大动肝火，而这篇文章，却让我感觉到任何人都拥有柔软的一面。

我想我该找他谈谈。我会告诉他，每个人都有衣服被剥下，另一面被暴露在大庭广众之下的时候，因为每个人都需要知道差耻。我会告诉他，尊重并不等于是纵容，理解并不等于是默许，当我回顾我的学生生涯的时候，我痛感我失去的东西太多，于是我不愿你们和我一样。人总是到了无法回头的时候才知道丧失的是什么。我会告诉他，如果我的语言伤害了你，我愿意道歉，但是我并不会认为我做的是错的，因为重症必须下猛药。如果和风细雨不能使你明白，那么当头棒喝也许效果会更好，虽然头肯定会疼一阵子，但是相对于你获得的，这种痛苦实在太微不足道。我会告诉他，在你们身上，我看到了我过去的影子，我欣赏你的坦诚和直率，但是也要批评你的随意和散漫，就像我说过的一样，我不是以成功者的姿态来教训你，而是以失败者的身份来警醒你。我还会告诉他，知耻而后勇，我也曾经有过感觉耻辱的时候，但是作为男子汉，应该勇敢地面对自己，面对耻辱。最后，我还会告诉他，恭喜你半期考试语文考了 100 分，恭喜你的进步！

昨天下午，课上完之后，我将孩子叫出来，跟他谈了很久，感觉孩子的是非观基本还是正确的，知道老师如此说是为自己好。严格意义上讲，我也很清楚自己的批评绝对没有对学生人格侮辱的成分，所以我也就放心多了。快要结束的时候，我告诉他："当我第一次见到你的时候，你的言行给了我一种感觉：这一定是个'坏'孩子，当然，经过我们深层的了解，我知道你并不是。那么，也就是说，你的言行在很多时候让人对你产生了误解，而当你走入社会，有些误解对你可能就是致命的。那么，为什么不能改变自己的言行方式，让别人看到真正的你呢？"

孩子不断地点头，我们已经走到食堂门口了，我拍了拍他的肩膀，说："今天就到这里吧。"

孩子说："好！谢谢老师！"

我正想转身离开，突然看见孩子向我伸出了手，我笑了笑，也伸出手，和他紧握在一起。

今天早上的课，刚上课的时候孩子还是很认真的，但是 20 分钟以后又

有些管不住自己了。我看着他，扬着眉毛笑了一下，孩子有些不好意思，也笑了。我想，真正的改变肯定是需要时间的，但是没有关系，我可以牵着孩子的手，等着他，一起成长。

以下附上王晓春老师的评论：

愚以为在以下两种情况下是可以的：

（1）学生特别善于狡辩，主动挑衅教师权威时。

（2）学生侮辱教师人格时。

这时候，尖刻的语言，寒光闪闪的词锋，一针见血的剖析，往往可以有效地制止对方的挑衅。知道老师的厉害，以后他就会收敛。如果说不过他，则按我的经验，以后这种人会越来越狂，甚至会拿老师开涮。

有趣的是，这种孩子你把他"打败"之后，他反而会更尊重你。像摩西老师收到的这份"自白书"，虽然还端着提意见的"冲锋"架势，其实已露出"投降"之态，语调近于哀求。摩西老师1∶0获胜。

学生是敌人吗？不是。但是学生也生活在社会中，社会中人与人是有矛盾和争斗的，每个人都必须学会自卫。个别学生受社会影响，有时会拿出成年人唇枪舌剑那一套来对付教师，老师只好"应战"，"陪他玩玩"，不然他会以为老师是软柿子，可以随便捏。这种现象在初中就有，高中就更多一些。高中教师，尤其是私立学校和职业学校的教师，没有一点"嘴上功夫"恐怕是不行的。

我甚至觉得辩驳能力是教师的基本功之一，应该进行专题培训，应该进行专门研究。我见过很多教师说不过学生，败下阵来，躲到一个角落里去哭。这是教师的失败！哪有教师说不过学生的道理！

我不知摩西老师说的尖刻语言的具体内容，我想那一定很精彩，以摩西老师的才华，"对付"这样的学生绰绰有余。但我看摩西老师的态度并不是居高临下的，他的尖刻里包含着尊重。摩西老师的自信和尊严感镇住了这个学生。堂堂人民教师，当如是也。

照我看来，这种尖刻语言，不能出圈，恐怕它最好符合以下几条标准：

（1）绝不能侮辱学生人格，不能进行人身攻击。

（2）就事论事，不"翻箱倒柜"。

（3）在尖刻中，必须有智慧的闪光，要"聪明的尖刻"。

（4）教师不失身份，不失态。

检验标准是：如果你打掉了挑衅者的气焰，没有几个学生同情他，大家

反而更亲近佩服你，那就证明你做对了；如果你"尖刻"之后，有更多的同学反而同情被批评者了，那恐怕你就做过火了。

15. 民主和集中相结合

经常是自诩为"民主"教师的，但是在这民主意识还需要加强的年代，我和中央领导都一致认为，民主应该是和集中相结合的。

盐外一年一度的新年晚会是学生们期待已久的大日子，11月还没过，孩子们就在摩拳擦掌了。据说咱高二（3）班被称为"艺术实验班"，因为我班藏龙卧虎，有古筝高手、钢琴美女，还有小提琴大师，最近又来了一个冒充吉他高手的班主任，可谓"物以类聚，人以群分"，"棋逢对手，将遇良才"，我班里的孩子们下定决心不怕牺牲，不让全校师生惊掉眼镜誓不罢休。

昨晚晚自习刚下，班长 Jessie 和几个孩子就找到我："夏老，我们决定新年晚会的节目是唱歌，合唱。"

我心里暗暗叫好！虽然我们班艺术人才众多，但是我不想把班上的节目搞成几个同学的专利，合唱虽然很普通，但是最大的好处就是参加的人多，甚至可以保证全班每一位同学都能参加。看来，孩子们的想法跟我是一样的。于是我问："那你们表演的曲目选好了没有？"

孩子们给我一张纸，我一看，天啊！这么多啊！什么老鹰乐队的《加州旅馆》都榜上有名。我急忙声明："这歌我可不会弹，而且一把吉他也不够。"孩子们说："这是初选的歌曲，经过我们大家讨论，决定唱两首歌。"

我问："哪两首？"

孩子们说："《那些花儿》和《萍聚》。"

我一听头就大了："啊？你们高寿啊？我感觉《那些花儿》起码是 30 岁以上的人经过三次失恋，回首往事痛不欲生的时候唱的啊。至于《萍聚》，感觉就是初恋时惊天动地，最后却嫁给一个不爱的老头子的歌曲，不妥不妥！"

孩子们觉得有些好笑，于是问我："那你觉得唱什么好呢？"

我思索了一会："我觉得咱们班女生多，唱《送别》再好不过了。我可以用吉他伴奏，感觉很清纯的样子。另外一首嘛，要不就《明天会更好》，你们看如何？这歌可以安排几个人领唱，然后大家合唱。"

孩子们同意了，然后就是商量什么时候去买 VCD 伴奏碟，什么时候排练的问题。

我以为这事就这么定了，谁知道今天又有了变化。课间操结束之后，Vivian等几个孩子找到我，吞吞吐吐地说："夏老，同学们觉得那两首歌是大家选出来的，全部换了不太好吧？"

我心里想，难道我跟孩子们真的有代沟了？于是问："你们觉得怎么办？"

孩子说："其实《那些花儿》合唱效果很棒的！好听极了！"

我明白了，原来还是孩子们不愿意忍痛割爱啊！

中午上读报课的时候，我对全班同学说了这件事，然后提出了一个折中方案："《明天会更好》保留不变，将《送别》撤下，改成《那些花儿》。至于《萍聚》，我坚持我的观点。实际上，我总觉得《萍聚》这首歌风尘气太重，《那些花儿》也太悲伤，实在不愿意我们班纯洁善良的孩子们唱这些歌。"

于是，我终于在民主的幌子下玩了一把"集中"。看来，任何时候，退让和妥协都是必要的，呵呵！

以下附上王晓春老师的评论：

教师的民主

刚刚用短信与铁皮鼓老师讨论了民主问题，现在又看到了摩西老师关于民主的案例，而李镇西老师更是强调教育民主，说明民主是优秀教师的共同话题。

摩西老师认为，让学生自己拿出新年晚会方案属于"民主"，而教师加以适当调整属于"集中"。按照国人的说话习惯，这未尝不可。

不过愚以为，教师提出自己的意见，适当调整学生提出的方案，其实也是民主。倘若什么全听学生的，那岂不是"学生专制"了？非民主也。

而且教师并不是把自己的意见强加于学生，他做了说服工作。摩西老师的做法，与其称之为"集中"，不如说成是"整合"。

教师与学生的关系，不是简单的少数服从多数的关系。教师是学生的指导者和引导者，这是国家授权的。只要他不做违法之事，不做违规之事，不做违反教育原则之事，则他的言行就不能轻易称之为"不民主"。否则警察纠正行人违反交通规则也可以说成"不民主"了。

当然，教师不是警察。教师纠正学生的不当言行绝不能与警察方式相同，教师应该用自己的专业方法而不是警察的专业方法工作。摩西老师的做法就有专业水平。

我想说的是，教师与学生应该相互尊重，当意见不一致的时候，应该协商，教师必须像摩西老师这样，准备做出不失原则的让步。但是，在确实需要教师拍板的时候，教师应该拍板。这未必属于不民主。

16. 分班风波

每周二下午，我都有两节新教育选修课，我的课是音乐欣赏，地点是在多媒体教室。由于上课涉及很多资料，所以每次都要提前去准备。这个星期二上课之前，我还是照例到多媒体教室去准备当天要欣赏的芭蕾舞剧《睡美人》。下课铃响了，选报我的课的孩子们陆续进来，其中也有我们班的孩子。我一边调试音乐一边跟孩子们打招呼。

Vivian 站到讲台前问："夏老，你知道要分班了吗？"

我笑了："不会吧？怎么学校没有通知我呢？"

Vivian 很认真地说："真的啊！他们都这样说的！还说我们班也要调整！"

我半开玩笑地说："我这个当班主任的都不知道，你都知道啊？"

Vivian 有些着急了："人家说我们班人太少，要加些同学过来！还说要凑足 35 个呢！"

几个孩子也在旁边附和，这时候我突然发现 Vivian 的眼里竟然噙着泪水！我感觉事情有些严重了，于是把她叫出教室单独谈："你听谁说的？"

"Mary 说，其他班的同学听老师说的！"

我故意说："如果学校要调整，我认为一定有学校的理由，虽然我不赞成调整，但是来几个新的同学不是更好吗？"

Vivian 更着急了："大家都觉得现在我们班就是最好的！我们不想有其他的人进来！而且你不知道，有些同学真的很不好的，来了会一只老鼠（原话——作者注）坏了一锅汤的！"

我看 Vivian 再下去没准要哭出来了，于是安慰她："我到现在为止没有接到学校的任何通知，但是如果真的是这样的话，我会向学校转达你们的意见的。"

上课之后我在想，假如学校真的要调整，我希望的是我们班的孩子不会离开这个温暖的集体，因为我知道，如果因为成绩而离开，有些孩子会毁了的，这个打击也许是致命的。

下来以后，我找到了学校的杨校长和黄校长，终于了解了真实情况。于是在周四的读报课上，我在班上讲了这件事情："前天，有同学告诉我说要分班了……"

孩子们一下都十分紧张，我突然有一种恶作剧的想法。

"而且说，我们班的同学要凑足 35 个人，这样的话，就有其他班的同学将到我们班上……"

孩子们更紧张了。

"今天，我去找了杨校长和黄校长。"

此时，教室要是有酒的话，我恨不得先喝两瓶之后再慢慢地说，让他们急死，呵呵！

"他们告诉我……"

孩子们的耳朵几乎都竖起来了。

"此事纯属……谣传。"

孩子们全部"哦"的一声，长出一口气，仰躺到椅背上。

我接着说："我很为大家对集体的关心而感动，更为大家对集体的珍爱而感动。但是我也在想，我们在两个月的时间里就拥有了这样一个让人舍不得离开的集体，那么这个集体也就不是那么容易被破坏的。即使有其他同学来，我觉得我们应该表现出的是大度和欢迎，而不是担心甚至恐惧。"

"两个月来，我真的为大家而骄傲，因为我们一起努力建立起了这个让人羡慕的集体。作为我个人来说，我舍不得我们班的任何一位同学，所以我今天对校长也说，如果以后学校决定要调整的话，我希望不要把我们班的任何一位同学调整出去。"

我笑了笑："因为，你们要祸害就祸害我一个人好了，别到另外的班去祸害别的老师和同学。"

孩子们笑了。

"但是，假如说这消息是真的，我也能理解学校的意图，无非是想分层教学，或者给一些成绩暂时不是太好的同学以激励，因此……"

我看了看孩子们。

"我相信，惩罚是一种动力，激励也是一种动力！前几天有位同学的家长在周记里面善意地提醒我是否应该少提 3 班是最好的班，而应该多看看我们现在的不足。我很感谢这位家长，但是我也觉得，我们如果真的认为自己的班是最好的集体，那么就应该真正以最好班级的标准来要求自己！我们就是最好的！我希望，我们全班同学能够用自己的实际行动，使我这个班主任当得更有自信，更有底气，使我们全部都无愧于 3 班这个名字！"

讲完之后，孩子们自己看报纸，我走到 Vivian 旁边，笑着问："这下放心了吧?"

孩子笑了："恩。"

"那你就会做得更好，是吗?"

以下附上王晓春老师的评论：

开放的"爱班主义"

对于一个优秀班集体，重新分班是个考验。

既考验它的凝聚力，又考验它的胸襟。

我见过有的优秀集体，突然遭遇分班，学生失魂，教师失色，乃至师生抱头痛哭。情景虽然感人，但未免显得有些小气，缺乏"无为在歧路，儿女共沾巾"的阳刚之气，缺乏开放的心态。

我把这种心态称之为"狭隘的爱班主义"。

当然，如果大家对分班并不在意，并不珍惜师生和同学的友谊与缘分，那也不好，那是一盘散沙了。

一个优秀班集体的班主任，面对分班消息，既要保护同学的集体荣誉感，又不能助长"狭隘的爱班主义"，既要尊重学生的感情，又要引导学生保持理智的开放心态。这个分寸是不大好掌握的。

摩西老师拿捏得相当准确。这叫做"开放的爱班主义"。

其实爱国主义与国际主义的关系也不过如此。

摩西老师的工作，给人一种"谈笑间，难题灰飞烟灭"的感觉。

做班主任做成这样，才有点意思。

每天脸色苍白地和学生较劲，岂非"斗牛"乎？

17. 从火柴到手机

一切的缘起就是那个邮箱地址。

那天李镇西老师建议大家，说应该把自己的电子邮箱告诉学生，因为邮箱的一个最大好处就是匿名，学生如果想向老师说点什么又不想让老师知道名字的话，就可以用邮箱。

于是，那天我就在课堂上告诉了孩子们我的邮箱，当我在黑板上写出邮箱号的时候，孩子们最初是惊奇："哇，什么邮箱这么长啊！"紧接着，Nicole，Vivian 等几个冰雪聪明的孩子一下子就猜出来了：

AK47701226sina.com，哈哈！1970 年 12 月 26 日！我这时候才后悔不已，当初上网的时候，注册了 10 多个邮箱，系统都对我说别人已经用了，万般无奈之下，就在后面加上了我自己的出生年月日，这才终于没有与以前的地址重复，注册上了邮箱。谁知道，里面的秘密一下就让这帮孩子看出来了！

25 日是圣诞节，孩子们回家了，但是其实从 24 号开始，我就陆续接到很多孩子的手机短信，祝贺我圣诞快乐、生日快乐。到 26 号当天，手机更是振动个不停，孩子们的短信一个接一个，一些孩子发了一个不够，还发短信让我猜谜语，和我聊天。最后，终于，手机没电了，更要命的是，片区停电，连充电的地方都没有。

星期日晚上，孩子们返校了。晚上，还没有上课，我从办公室到教室，一进去，几个孩子坏笑着。我还以为我的发型或者是衣服又哪里不对了，正在做仔细的自我检查，孩子们慢慢地唱起：

祝你生日快乐！

祝你生日快乐！

祝你生日快乐！

祝你生日快乐！

我心里不由得涌上一股暖流。孩子们唱完了，照例我得上去讲几句。

"今天的确是我的生日，谢谢大家，我突然想起了 12 年前，我刚刚工作的时候。那是我工作以后过的第一个生日。也不知道怎么回事，我班上的孩子知道了我的生日，晚上，同学们一起来到我住的寝室，拉灭了灯，因为他们带来了一个生日蛋糕。可是关灯之后，他们才发觉犯了一个错误……"

"没带蜡烛！"

孩子们十分聪明。

"的确，"我接着说，"他们忘了买蜡烛，可是接下来的事情，让我一生难忘。"

"一个孩子摸出了一盒火柴，然后，抽出了 22 根（那年我 22 岁），22 个孩子拿在手里，一起点燃。黑暗中，我看见 22 个火苗和更多的可爱的心。其实，刚工作的时候，我是谈不上喜欢老师这一行的，只是因为自己干了这份工作，觉得应该尽量干好而已。但是那时候，我看见我的付出得到我的第一届孩子们这样的回报，我的心震撼了。后来，我写了我参加工作之后的第一篇教育随笔，题目就叫《我的孩子们》，那是 12 年前。"

"12 年后，我已经带过了四届高中，每一届都有让我难忘的记忆。现在，又和大家在一起，我又将我现在的班主任随笔起名为《我的孩子们》。因为，我更深地感到，只要用心付出，就会有所回报！"

我讲完之后，照例是班会，由上周的值周班委总结工作，这次轮到 Kiko 了，在讲完上周有关工作之后，Kiko 突然狡黠地一笑："今天是夏老的生日，刚才我们为他唱了生日歌，但是刚才因为还没有上课，所以有些同学不在，效果不好，现在我们人到齐了，我提议，我们一起再为夏老唱一次好不好？"

"好！"

孩子们都在响应。

"夏老刚才讲起他以前的学生划火柴，我们现在没有火柴，但是我有一个主意，我们把灯关上，有手机的拿出手机，用手机当蜡烛好吗？"

"好！"孩子们纷纷响应。

学校是不允许带手机的，更不允许将手机带到教室，而这时候，很多孩子都拿出了手机。灯关了，手机五颜六色的屏幕在轻轻地摇动，像一只只美丽的蝴蝶，孩子们再次轻轻地唱起：

祝你生日快乐！

祝你生日快乐！

祝你生日快乐！

祝你生日快乐！

我想，有些东西，如同 12 年前那个夜晚，是永远不会被遗忘的！

18. 忧郁的乐手

其实，直到现在，我都还叫不出几个孩子的名字。

他们是高三的三个学生和一个高二的，其中一个是我们班上 H 的哥哥。一天，几个孩子来找我，说元旦快到了，他们想组织一个乐队，想请我帮忙。我问："你们有器材吗？"

他们说他们借了两把电吉他，有一套鼓，还有两把电箱琴，还说他们已经挑选了几首歌，想让我去帮忙看看能不能唱，于是我去了。

去了之后才知道，他们借的电吉他有一把已经是坏的了，另外一把也经常接触不良，时常发不出声音。鼓倒是还不错，虽然是最简单的五鼓式的配置，但是对付一般的歌也将就了。而且他们的鼓手以前学习过，居然也打得有板有眼，两把箱琴其实只有一把能用。至于他们选的歌，我听了一遍之后就否决了，因为难度太大，而且需要两把电吉他加效果器。孩子们很着急："效果器我们可以去音乐学院借的！"

我说，但是你们现在的技巧可能还不足以演奏这么高难度的曲目。于是孩子们又去找，终于找到了一首《坚持》。

这首歌前面有一个吉他演奏的 solo（前奏），需要效果器，于是孩子们说他们会在最短的时间内借来。果然，第三天，他们就借来了效果器，于是我帮助他们排练。

这时候我才发现孩子们的演奏水平的确有限，甚至连吉他弦都不会调，伴奏吉他手找到我，说这几天吉他的"音色"很不好，不知道是怎么回事，我拿过来一弹，整个的音全部乱了！于是再拿过其他几把，居然都各是各的调！于是我又帮助他们调音。主音吉他手估计是不识谱吧，一直弄不出那段 solo，于是我把磁带拿回来扒带（听磁带记录谱），然后把 solo 弹出来，手把手地教他。

元旦晚会的日子渐渐逼近了，孩子们很着急，他们说晚上晚自习没课的时候他们想去练习。我说："你们老师同意吗？"他们都说同意。于是我说："好吧。"

器材都放在琴房，但是他们却没找到音乐老师，因此没有钥匙，我说那怎么办呢？孩子们说我们有办法！我还没有弄清楚他们到底有什么办法，一个孩子已经从二楼的阳台上翻了进去，身手矫健得让人惊讶。而学校的保安就在我们旁边 20 米处，几个孩子还假模假样地大声说："你走前面，去把门给我们打开啊！"

我不由得想起了自己读中学的时候翻学校围墙的壮举了，后来我据此还"发明"了一句"名言"：一个学校，如果没有一个学生能翻围墙，那真是有辱校风的。孩子们身手如此矫健，不由得让人大笑，而更让人大笑的是，那孩子迅速由阳台跑到正门去开门的时候沮丧地发现，门是开着的！

当鼓声和配备失真效果器的吉他声响起的时候，狭窄的琴房顿时显得更狭窄。犯错误，修改；再犯错误，再修改；又犯错误，又修改……孩子们虽然进步很艰难，但是练习却很认真，并不亚于那些专业演员。主音吉他手左手倒腕不够，因此 solo 总是不能弹出应有的效果，伴音吉他手和鼓手又急又气，总是忍不住责备他，可怜的孩子眼泪都几乎要流下来了，我急忙呵斥另外两个孩子："你们是一个团队！怎么能互相责备呢？有问题咱们改进不就行了……"

可爱的孩子们又点头称是。

那天遇到学校的几个老师，他们问起孩子们乐队的事情，我随便说了说。几个老师说那几个孩子以前学习就不是太好，现在搞乐队了，更不想听课了，一天到晚就想着乐队的事情。

一会儿，一个老师过来又问："夏老，你看他们的乐队能上台演出吗？"

我说应该可以的，虽然水平不是太高，但是在学生当中已经算不错的了。那个老师说："里面有个吉他手就是我的儿子。"

我一下想到，难道他的儿子就是那个总被责备的主音吉他手？

那位老师继续说："他们很想上台演出，很希望能够有这么个展示的机会，谢谢你帮助他们了！"

我客气了几句，孩子约好的排练时间到了，我又赶去琴房。

这是彩排前的最后一次排练了，孩子们还是练得很认真。准备的两首歌练完之后，他们神神秘秘地告诉我："夏老，我们还准备了一个开场式，你看看如何？"

我说好啊。

于是孩子们一起大喊："一，二，三！"

急促的鼓声几乎掀翻了屋顶，主音吉他手将音量几乎开到最大，模仿着摇滚乐手的动作，抱着吉他跳起："大家好！我们是××乐队！这是我们的鼓手！"

鼓手拼命敲出一段鼓花。

"我们的吉他手！"

吉他手又来一段华彩。

自诩为摇滚老手的我也被吵得差点想捂住耳朵了。完了之后，孩子们骄傲地问我："怎么样？"

我居然还是违心地说了句："还不错。"

其实我也不是完全违心的，因为他们能到这程度已经不错了。

一个中午很快就过去了，我将孩子们的琴全部拿到办公室，主音吉他的弦断了，原因是吉他手乱摇摇把，于是又惹得几个孩子一起攻击。因为他们已经没有备用的弦了，而下午就彩排了，他们将另外一把吉他的弦取下来，我拿来装上，又帮他们仔细调好了每把吉他的弦。下午我没课，弦调好之后，就坐在办公室慢慢地弹吉他。一边弹，我一边想着这些在课堂上的"坏"孩子。想起他们为了组织乐队，东奔西跑去借琴借效果器；想起他们牺牲休息时间排练；想起他们因为主音吉他手的错误而大发雷霆；想起他们在保安的眼皮底下翻阳台去排练；想起他们在最后断了吉他弦时几乎绝望的表情……

这些孩子也许在课堂上并不是让老师喜欢的孩子，但是他们为了自己心爱的东西，表现出来的激情不亚于所谓"优等生"对待学习时候的投入。我在刚工作的时候，曾经以音乐为"武器"，去"征服"一些不爱学习的"坏"学生，让他们在音乐的影响下重新回到课堂，而且一直还以此为豪。今天，我突然想到另外一个问题：音乐难道不也是学习吗？音乐对人的灵魂的重要性难道亚于语文、数学、物理和化学吗？以音乐为"武器"去"诱骗"学生，难道就只因为高考不考音乐？

长这么大，在我的生命中，音乐是最重要的。那么，音乐在这些孩子们心里呢？很多年以后，我忘记了自己的某次考试甚至高考成绩，却忘不了我的音乐，我的摇滚。

何况，对于孩子们来说，还有他们的体育，他们的世界……

彩排的时候到了，孩子们兴高采烈地下来，拿走了吉他，赶去彩排。我过了一会儿才带着我们班上的孩子过去，等我们走进多功能厅的时候，正好看见他们的彩排。那时已经到了尾声，鼓声和吉他的声音震耳欲聋，歌声根本听不到，我上前一看，原来根本就没有话筒，他们是用自己的一个音响在演奏，效果惨不忍睹。

孩子们大概也知道效果不好，个个脸上都很忧郁。一个孩子走过来，怯生生地问："夏老，您看效果怎么样？"

我看了看他："如果能演出的话，我给你们当调音师。"

昨天开班主任会，布置迎新晚会的事宜，我拿到了晚会的节目单，孩子们乐队的节目赫然名列其中，我心中不禁有一种小人得志的暗喜。

孩子们的节目最早是列在第6，但是有时候临时穿插了老师的节目，所以有些靠后了。孩子们和我一起等在台下，临近上台的时候，我忙着给他们调音，试话筒高度，并且做最后的安排，当然还有鼓励，虽然我还是叫不出哪怕是一个孩子的名字。

终于轮到他们了，报幕员刚报完幕，几个帮忙的孩子就抬着鼓冲了上去，紧张地安装，我则帮他们连线、试音。试了好几次，主音吉他居然一点声音都没有！我急得差点出一头汗，上去一检查，发现原来是主音吉他手把效果器的线接反了！

鼓声响起，吉他声音高亢激昂，谁知道，第一个音他们就唱跑调了（当然以后就一直这样跑下去），但是并不影响他们投入地表演。第一首歌结束之后，他们开始唱第二首，在唱之前，鼓手深情地说："在这里，我们要特别感谢我们的指导老师——夏昆老师！"我不禁有些感动。

台上的孩子如痴如醉，台下孩子的荧光棒也在翩翩起舞。虽然仍然是跑调，虽然乐队还如此稚嫩，虽然器材是如此简陋，但是，他们在自己的最爱里找到了自己的家园，找到了自己的梦想。祝福你们，孩子们！

19. 外号问题

"阿昆，苍蝇害瘟病了，叫牛蛙抬他到兽医那里看看！"

这是几年前的一天，我的搭档 Bill 在教室门口当着学生的面对我说的话，也许大家不能很好地理解，我来翻译一下："夏昆（就是在下），张颖（学生，外号苍蝇）生病（害瘟病）了，叫杨苗苗（学生，外号牛蛙）送他到校医（我们尊称校医为'兽医'）那里看看！"

听到这话，全班同学，还有我不禁莞尔。牛蛙也听话地站起来，扶着"苍蝇"到"兽医"那里去了。

这件事过去很久了，还一直浮现在我脑海里面，原因就是 Bill "肆无忌惮"地叫学生的外号。

这个比我大 5 岁的大学师兄也是学生最喜欢的老师之一，用"跟学生打成一片"来形容他是一点也不过分的。当然，作为老师，他更注意用自己的影响力来使学生喜欢英语和学习英语，因而深得学生和家长的爱戴。同时，Bill 也是一个口无遮拦的人，上面的一幕就是例子。

记得刚工作的时候，老教师教导我们，要坚决刹住班上学生乱起外号的歪风邪气。可是，现在我也在想：外号到底是什么呢？

每个人都有名字，但是很多人也有外号，《水浒》里面 108 将的外号可称经典：花和尚、豹子头、智多星、霹雳火，无不是对英雄们性格的绝妙补充，使这些形象更栩栩如生。相熟的朋友之间，也经常互称外号以示亲切，而学生的外号其实也应该区别对待。

因为外号，Bill 和我都有过一次义愤填膺的经历：那是我们听说我们班的一个女孩子曾经被小学时候的老师起外号叫"白菜"，我们不禁大怒——老师为学生起外号首先就不妥，何况这个外号本来就含有侮辱性质，那个老师的师德也就让人怀疑了。

学生的外号，大多是同学互相起的，其原因可能是多种多样的。但是外号如果让当事人接受了，一般来说就没有什么恶意了，以前教过的班，学生外号可谓形形色色：苍蝇、牛蛙、大羊、衰神……有时上课，连我都不注意，叫起学生的外号，让学生看见一向德高望重的班主任居然亦如此，惊起一堂哄笑。

　　外号，其实也是一种"亚文化"，在学生的话语范围里，互称外号显得亲密，而老师是否能叫学生外号，可能就要根据情况而定了。前面说到的Bill，在平时就得到学生的爱戴，他称学生的外号，学生不但不反感，反而会觉得跟老师的关系更近了。当然，我一般情况下是不称学生外号的，但是学生却经常在跟我说话时称别的同学的外号，于是经常就不免随喜一把。

　　谁知道，"善有善报，恶有恶报"，经常叫学生外号，终于自己也被学生起了外号。那还是在那天将邮箱号告诉孩子们之后，聪明的孩子马上测算出了我的属相，于是起了一个据说很经典的外号——狂欢夜的狗。孩子们还耐心地跟我解释："12月26日是狂欢夜啊，您又出生在1970年，属狗对吧？您说这个外号起得好吗？"论据充分，论证严密，我只好点头称"是"。谁知道，第二天，接到孩子通知，以前那个外号起得不好，作废了！还说又给我起了一个，据说这个外号更有代表性、更经典、更形象，而且还严正申明："这个名字一般人是不会给的哦，看在你是老大面子上，才'赐'给你的！"我不禁有一种"如沐皇恩"之感，急忙问这个新的"封号"是什么。

　　"真的想知道？"

　　孩子还卖关子。

　　"废话！当然想知道！"

　　"那你听好了！"

　　"犬夜叉！"

　　我晕！

20. 我们来做

　　2004年的最后几天，圣诞节、过生日、元旦，热热闹闹，熙熙攘攘，旧的一年终于离去了，之后就是放三天大假。2005年4号早晨，也就是今天，我们才回到学校。这时，我才发觉，我心里一直在想着的一件事情，孩子们也在想。

　　上午第四节课，讲《纪念刘和珍君》，是第一课时，我先叫孩子们读有关资料和课文，然后布置了一个问题："如果你是 1926 年的女师大学生，你会去请愿吗？"

之后，我叫班长、副班长和团支部书记出来一下。

"有件事情，想跟你们商量一下。"

"什么事？"班长 Jessie 问。

"这段时间最大的事。"我说。

"海啸！"

孩子们不仅仅是聪明，我知道他们也一直在想这事。

Idelle 接着说："其实我都想提醒你的。"

"如果你们能提醒我就更好了。你们说咱们应该怎么做？"

"我们应该募捐！"

"我觉得我们应该发动全校师生一起募捐！"Antonia 始终是深思之后才发言。

我为孩子们的爱心和勇气而感动："那你们觉得我们应该怎么做？"

"我们可以发一个倡议书，然后做一个募捐箱，以高二（3）班的名义向全校倡议捐助灾民！"

孩子们热切地出主意。

"好！Antonia 和 Idelle，你们两个负责募捐箱的事情，Jessie 负责倡议书，最好今天下午搞定，我们应该在学校第一个做出反应！"

孩子们进教室去了，我回到讲台上："刚才提了一个问题：如果你是 1926 年的女师大学生，你会上街吗？会的请举手！"

几乎是 29 只手同时举了起来，我不禁有些愕然，因为我并没有想到会是这个结果，但是我还是继续说下去："我感动于大家的热忱和勇气，而现在有另外一件事情，更需要我们去做。"

我简单说了一下刚才与班长和书记的讨论结果，孩子们一下激动了起来，甚至说我们是应该到每个班上去收还是在外面"摆摊"。我笑了："又不是收税，募捐全凭自愿，怎么能到人家那里去收呢？"

有孩子又很深沉地说："其实最好捐物，不要捐钱，减少'中间环节'。"

我不由得苦涩地笑了："我觉得还是捐钱比较好，因为现在公布有慈善总会的账户，我们可以将募捐到的款项直接打过去。"

下课了，Kiko 走在我后面，"狡猾"地说："其实我昨天都想给你发短信的，我们不能忘记了这件事。"

我笑了，孩子们一直想着这件事啊，还有什么比这个更令人欣慰的呢？

　　昨天中午吃饭的时候，在食堂遇见杨校长、徐主任和可爱妹妹，我说："正有事想和你们商量，我们班想发一个倡议……"

　　"是海啸的事情？"

　　杨校长打断了我的话，看来大家都想到一起去了。他们说正在和可爱妹妹商量这个事情，他们初二（6）班也想发一个倡议，请全校师生捐助。于是我们决定先以两个班的名义联名发起倡议，然后由德育处组织全校的捐赠活动。

　　晚上上自习的时候，由两个班联合发出的倡议书就贴出来了。

　　按照学校的打算，我们两个班先发起倡议并捐献，然后带动全校捐献。可是当我上楼的时候，孩子们围着我说："明明是我们班先想到的啊，凭什么初二（6）班也署名啊？"

　　我告诉他们其实是不谋而合，初二（6）班的老师和同学其实也想到了。孩子们又说："那么为什么德育处又要管这事情呢？"我解释是想到管理方便。这时候，我看见了孩子们竟然连捐助箱都已经做好了，我知道孩子们的意思，他们想自己承办整个活动。

　　其实我也在想，让孩子们做又有何不可呢？以前学校的捐助活动，往往是学校出一个通知，然后班主任组织学生交钱，这样做的弊端一个是学生实际上是在被动地接受教育，还有一种常见的情况是有些班主任容易有攀比心理，将自己班捐款的多少视为自己的工作业绩，甚至出现强迫学生多交钱的情况。而如果将整个事情都交给孩子们来做，一方面，孩子们主动成为教育者，参与到教育活动中来，就保证了捐助活动的自愿性；另一方面，由于孩子们的热情很高，有可能捐助效果还会比学校包办的好。

　　今天中午饭以后，我正巧又碰上了杨校长和徐主任，我向他们谈了我的想法——让学生来做捐助活动。杨校长很赞成，并建议马上将昨天德育处发的捐助通知改成学生会、团委的名义，让孩子们自己来干这件事。

　　第二天，我在学校看到，捐款通知上的落款已经改了，成了工会、学生会、团委、少先队的联合通知。我在想，看来学校真的是要将这事交给学生办了，可是，事情并没有任何实质性的变化。

　　昨晚上晚自习的时候，我就看见 Spiderman 正在写周记，刚开了个头，我看见题目是《盐外捐款记》。我以为这个平时刁钻古怪的孩子这次一定是受到了什么震撼，心中不禁有些自得。

过了一会，孩子写完了，我说："我能看看吗？"

孩子说："你不会揍我吧？"

我笑了，同时也知道，他写的内容可能跟我想象的并不一样。我拿过来，文章大致是这样的：

抢"海啸"
——盐外捐款记

……我们提出捐款并向全校倡议，大家说干就干，联合初二（6）班一起提出倡议，贴在窗板上，事情办得风风火火，半天时间，窗板前就人山人海了。

就在事情将圆满成功的时候，半路上杀出个程咬金，德育处的领导们"杀"了出来，他们在旁边贴出一张像校告一样的东西，大体是命令我们把钱送到德育处。这样，大家精心策划的捐款的果实被德育处抢夺了。

班里的同学很气愤，全校同学又觉得很无聊，一切又变得死气沉沉了。第二天，又换了一张，这张更夸张，署名我都记不清了，反正不少于5个（其实是4个——作者注），轰轰烈烈的捐款成了一出闹剧……

我干脆在课堂上把这篇周记念给孩子们听，大家的反应比我预想的强烈得多，很多孩子表示不喜欢学校这种感觉是摊派一样的捐款行为，甚至觉得是学校侵犯了他们的"专利"。

我告诉孩子们，我也并不喜欢这种做法，但是学校无非是想以此代表学校的教育成果，无可厚非。但是孩子们仍然没有被说服，说什么的都有。终于，负责收钱的Vivian说："夏老，干脆这样！我们班只交3块钱，每人一角！"

她的意见居然得到了大多数同学的响应，教室里喊成一片，我无言。

我在想，学校是否侵犯了学生的权益？或者说，学校这种从管理角度考虑问题的做法是不是对学生源自内心的爱心造成了伤害？孩子们主动募捐是一种形式，学校统一募捐也是一种形式，但是，这两种形式，在孩子们眼里，却有本质的不同。

沉默了一会儿之后，我说："我已经将这事的经过发到网上，周末你们回家的时候，可以去看看，并且在网上发表你们自己的意见，不妨和全国的老师、同学展开讨论。另外，你们的意见我会转告学校。"

昨天晚自习，孩子们考英语。

考完以后，我示意孩子们安静地坐下，待他们安静之后，我在黑板上写了几个大字：九八，印尼排华。

然后问："知道这事情的同学请举手！"

29个孩子中，有5个孩子举了手。

我又问："谁能说说这事情的经过？"

Richard说："那些暴徒杀人，抢中国人的店铺。"

文静可爱的语文科代表Damary说："那些人对妇女做的事情更残忍。"

我说："的确是。"面对其他孩子惊异的眼光，我讲述了1998年印尼排华事件的大致经过，最后加上了一句："那些暴徒的暴行，不亚于南京大屠杀中的日军。"

我还告诉他们，这两天我因为这件事情也和一些老师有争论，但是在告诉他们观点之前，我还是想问问他们怎么看这次捐款事件。孩子们的可爱让人动容，很多孩子都说应该"以德报怨"或"我们不能像暴徒一样冷血"。

我告诉了孩子们这几天我和在线的老师争论的主要分歧，也给孩子们讲起了那个不向提裤子的人开枪的故事，还讲到了特蕾莎嬷嬷，还讲到了在国家、民族、意识形态之上的那个"人"的概念。

最后，我说："在这个世界上，有一件最起码也是最困难的事情，那就是——做一个人。"

我们班的捐款，仍然建立在自愿的原则上。下晚自习之后，孩子们纷纷捐款，我也将我的捐款交给了负责的Vivian。今天早上，Vivian拿着钱来办公室："夏老，捐款一共425，交给你。"

我说："不，交给Mary，她将代表学校去红十字会捐款。"

本来，我星期六将开班会，最后结束这次捐款事件的。之所以要等到周六，是因为我在等一些东西——这周孩子们的周记。昨天，周记就阅完了，我心里有了底，于是，决定今天晚上自习课就提前开了。

晚自习之前，照例是学生的诗词鉴赏。今天轮到Peter了，我一看黑板，上面竟然是那首人人都知道的《春晓》，我笑了。

孩子讲完之后，我照例走上讲台作点评，我说："这首诗大家都是从小就读过的，也许是很熟悉了。但是今天我看这首诗，却有一种异样的感觉：孟浩然春晓醒来之后，不仅被动地听到了鸟的鸣叫声，还主动地想到：昨夜的风雨，是否打落了很多花儿？我想，这种看似平淡的关切，也许就不是人人都能做到的了。就像古人说的一样——仁者爱人。"

说完，我将最后几个字写在黑板上，又继续说："也许，当我们做一些事

边走边忆——让教师感动的瞬间

情的时候，能够像孟浩然想到花儿一样，多想想别人，世界应该会更美好吧!"

紧接着，我说："今天，呵呵，校长召见我了。"

孩子们骚动了起来。

"猜猜因为什么事?"

"捐款!"孩子们反应很快。

我笑了："那么你们能猜到我们谈了些什么吗?"

孩子们说什么的都有，有的说指责，有的说批评，也有的说妥协，等等。我说："今天，杨校长跟我谈了一会，她说，没有想到我们的同学对捐款的事情这么热心，更没有想到我们对捐款的形式这么在意。"

孩子们渐渐安静了下来，我接着说："其实我也没有想到，当我第二天看见 Vivian 在教室里认真地收捐款，而地上摆着早已做好的捐款箱的时候，我都很感动。但是，事情的发展好像跟我们的预料并不一致。现在，我们捐了款了，捐给学校 3 块，真正的捐款捐到了红十字会，而现在，我想给大家念一些东西。"

我拿出了几个周记本，先念的是 Clara 的:

……这次捐款的倡议是我们班发起的，大家都非常积极，几个同学甚至牺牲了休息时间来为"倡议书"做策划……其实我们班也不是为了争什么名利，只是真心想为灾区尽一点微薄之力罢了。不管这次"捐款风波"最终会怎么样，我们帮助灾区人民的心都是真诚的。

Antonia 的周记是这样写的:

……但是，我还是希望大家能有一个全面的认识，不管是这件事还是以后发生的什么事，都不能走极端，应该能找到一个更好的解决办法来解决问题，多看到学校或者别人的难处。其实，只要大家都有这份心，目的就达到了，也就受到教育了。

Tammy 的周记里这样写着:

……我觉得，捐 3 块的话，表面上看我们出气了，我们只是想让学校对他们的做法做个"检讨"罢了。但是，其实我更赞同 Richard 的观点（Richard 坚决反对捐 3 块——作者注），他看问题看得更长远，不限于表面的状况。我明白，你毕竟是班主任，我们做什么都要通过你，你虽说完全按照大家的意见办，但是，我觉得这样做对你……

周记念完了，不同的孩子脸上的表情都不一样。我接着说："今天，我还带来了网上几个老师对我们的评价，大家不妨也听听。"

抗议？抗议什么呢？如果学校的引导组织真是被叫做抢"海啸"，那这个班的爱心是不是要打折扣呢？是不是真的因为自己的"第一"就体现了爱心呢？

在学校学生会等组织的活动中只捐 3 元，而又单独以本班的名义再捐款，这是爱心，还是个人名利？我觉得这也是为了显示自己的与众不同吧？

要做就要做别人没有做过的！呵呵，否则……

孩子们似乎有些不满，脸上有点不高兴了。我继续念下一个：

请问受学生爱戴的摩西老师：

作为一名教育工作者，难道我们仅仅只去信赖自己所教的学生吗？

难道我们可以质疑其他孩子和老师的真诚捐助吗？

难道对于有同样初衷的爱心捐助需要用抗议的形式来表明吗？

难道学校老师和领导们的捐助行为也是被迫的吗？

难道我们的李镇西老师的捐助也是不自愿的？

难道学校德育处真如学生所说在抢"海啸"，将钱卷入自己的腰包吗？

难道这样的捐助行为真能成为学校评选先进的政绩吗？

难道真诚单纯的人性和最本质的善良非要选取对自己胃口的形式吗？

我只是想说，作为一名教师，我们应该学会博爱，更重要的是要教会学生博爱！我们有时不也感叹学生很冷漠无情吗？（也许是孩子一时的不懂事）

如果我们真心捐助，又何必计较这些无聊的细节！

让我们和学生都在平静而自然的生活和学习中学会理解、学会宽容、学会尊重、学会做人吧！

孩子们好像有些不赞同，我说："还有。"

重要的是，我们高二（3）班的孩子们是否认真审视过倡议这次活动时的内心真实的初衷。

重要的是，我们能否在纷繁复杂的世象中引领我们的孩子体验与坚守人类高贵的悲悯情怀。

重要的是，我们能否让孩子坚信：不管世界如何给我们困扰与考验，有多少丑陋与卑微，我们必须坚守我们内心一些高贵的情感，并深信世界会因我们的存在而改善。

重要的是，高二（3）班的倡议要引领什么，如何让这次引领活动有效的实现！

……

然后我补充了一句："这是咱们果丹皮校长的跟帖。"

学生有些诧异。

我接着说："这几个帖子，是对我们的做法持不同意见的。现在，钱已经捐到红十字会了，我们给学校也只捐了3块钱。但是，从上星期起，我就一直在想一个问题：我们从这件事情上得到了什么。"

孩子们都沉默了。

我说："我觉得，从这件事情上我们至少有两个收获：第一，充分展示了我们班同学的爱心；第二，充分展示了我们班同学的凝聚力和组织参与的能力。但是，当一切尘埃落定之后，当我们面对这些批评的时候，我们是否也应该想想，我们是不是有更好的方式？"

"这次捐3块的事情，其实我们每个同学都明白，这是一种无声的抗议。但是，是不是任何事情的解决都必须通过抗议的方式呢？"

有孩子说："抗议！"

我笑了："我恰恰是说比抗议更好的方式啊！"

有几个孩子小声地说："沟通。"

我笑了："我喜欢这种方式。"

于是，我给他们讲了《圣经》里通天塔的故事，然后说："没有沟通，人类就无法合力完成任何一件事，而很多矛盾和分歧甚至纷争，也是由于缺乏沟通或者沟通方式不对而造成的。于是我在设想：假如我们事先能有效地和学校沟通，会怎么样？"

有孩子说："没用的，学校已经决定了！"

我说："我并不这样认为，因为在没有结束之前，任何事情都有可能。而更重要的是，凭空想象学校不会接受我们的意见，并不能成为我们不沟通的理由。"

"其实，当大家说捐3块钱的时候，我并不赞同，而且，我要驳回这种意见也很容易。但是，我想让我们同学自己去选择自己的方式，在选择之后，再来进行对比。我很高兴的是，刚才那几位同学能重新对这件事进行深入的思考，这就像孟浩然醒来时想到花儿一样，我们在做决定的时候，能否也多想想其他的方面呢？"

有孩子似乎有些同意。

"我们都是跨世纪的一代，咱们这一代人，崇尚个性，这并没有错。但是，个性的发挥是不是就一定要和团队的决定相违背呢？我想起美国三角洲特种部队对队员的要求：我们需要的是有团队精神的合作者，而不是只顾自己个性的超人。而且，团队本来也是一个相对的概念，咱们班是一个团队，学校又何尝不是一个团队呢？"

要下课了，我接着说："大家都长大了，很多事情，都会需要大家自己做决定，黄色的树林分出两条路，不管你选择哪一条，都对你一生有着深远的影响。我刚才说，咱们通过这次事件，有两个收获，但是我很希望咱们还能有第三个收获：展示自己的个性，尊重团队精神，学会通过沟通来解决我们的大部分问题。"

21. 抬水问题

29 个学生，24 个女孩子，5 个男孩子。

当我接到高二（3）班的名单的时候，想到的只是我们班组织男子篮球队有一些困难，还没有想到其他更大的困难，比如抬水的问题。

盐外学生喝的水都是饮水机里的水，需要到办公大楼的后勤处去抬，我们班教室在 4 楼，孩子们抬水要走到 100 多米以外的办公楼，然后再扛着几十斤重的水上 4 楼。孩子们正在长身体的阶段，喝水比较厉害，我计算过，一桶 30 斤的水最多只能喝两天，所以抬水是很多班一项"艰巨"的任务。对于男生比较多的班级，问题不大，但是对于我们班，问题就出来了。

那天改周记，我看到一个女孩子的周记里这样写着：希望以后抬水的同学能积极一些，不要等水没有了再抬水，让大家"渴死"。

我心里想：有这么严重吗？于是，我注意观察了一下水的使用情况，看来的确是如此。第二天，我看见昨天就已经几乎见底的水今天还没有换，于是问孩子们："今天怎么没有抬水呢？"

几个女孩子就告状："Peter 说他不想抬水了！"

我问 Peter："怎么了？怎么回事？"

Peter 一脸冤屈地说："她们女生都不抬水！就叫我们抬！"

我笑着给了他一巴掌："你真会搞笑哦！你不是男子汉吗？抬次水怎么了啊？"

孩子很乖，自己就去抬水了。

等我一会儿下楼，却看见 Peter 抬着一桶水上楼，后面居然跟着女生 Sally，可怜 Sally 根本抬不动这一大桶水，于是只好把桶放在地上，用脚推着走。我有些心疼了，于是走过去，把桶扛在肩膀上。第一次扛水，感觉的确还是有些累。那么，孩子的辛苦其实也是可以理解的了。

于是，从那天起，我就天天注意水的使用情况，快到要用完的时候，就叫上几个男孩子，和我一起到后勤去抬水。每次叫两个人，至少就有3个人能休息一下，和孩子们一起抬水的感觉真好！

昨天上晚自习的时候，我看见水就快没有了。于是今天早上升旗的时候我就叫Spiderman："待会上楼以后把空桶带下来，我在楼下等你们，我们一起去抬水！"

"好！"

Spiderman和他旁边的Richard同时回答。

孩子们上去了一会，就下来了，可是这次不是两个人，而是4个，我问："干吗啊？打老虎吗？"

孩子们回答："今天我们去抬水，夏老你不用去了！"

孩子们提着空桶走了，我看着这群小男子汉，笑了。

22. 生日快乐

"五一"长假结束了，孩子们又回到了学校。今天早上，是语文早读。

我走进教室的时候，今天的诗词鉴赏内容已经写在黑板上了。我看到，上面写的是几米的一首小诗，很可爱。今天讲解的是Damary，我的科代表。经过一个学期的训练，孩子们的讲解是越来越熟练了。今天Damary甚至还仿效老师上课提问的方式，叫同学起来谈谈自己对诗的理解。讲解是成功的，赢得了同学们的掌声，Damary回到座位上之后，我作了简单的评讲，就要求大家继续看书。这时候，管理卡片的Antonia举手了，我走过去问是什么事，她笑着递给我一张已经由大家签好名的卡片，我才想起，放假之前她就提醒过我，今天正好是Naruto的生日。

我拿着卡片又走上讲台，笑着说："今天，好像是5月8号……"

孩子们心领神会，全部鼓起掌来，Naruto有些不好意思地站起来，走到我面前，接过了卡片。

Naruto的歌唱得极好，外号是"歌神"，我笑着问："今天是说还是唱？"

孩子们笑着喊："叫他说唱！"

Naruto站到讲台上，照例向大家致词："其实我都不知道想不想过这个18岁的生日了。"

他的第一句话让大家多少有些意外。

"小时候，很希望自己能很快长大，看着那些上学的哥哥姐姐，觉得好'洋盘'（四川方言，意思是跟'酷'差不多——作者注）哦！"

孩子们大笑，Naruto 继续说："后来上了小学，才知道不是这么回事，好多作业哦！后来上了初中，被管得什么也不能做，什么自由都没有了。后来上了高中，更'好玩'了，整天在学校里面，做不完的作业，什么都不能做了。而且，18 岁就让我想到，从此以后我就归警察管了。"

孩子们又大笑。

"我爸说，等我到 18 岁，就会一脚把我踢出门去，叫我自己去挣钱养活自己。现在我 18 岁了，我爸并没有踢我出去，还是叫我上学。"

Naroto 自己也笑了。

"其实，大家能在这里一起度过高中生活，也是缘分。今天我 18 岁了，我希望一年以后，我们大家都能考上自己喜欢的大学，创造自己的人生。"

孩子们报以热烈的掌声，Naruto 走下讲台回到座位。我走上讲台说："记得以前对大家说过，长大，不仅意味着很多事情大家能做了，也意味着很多事情大家不能做了，因为大家有了更强的能力，也有了更多的限制。"

我看了一眼全班，继续说："在学庄子《逍遥游》的时候我们知道，蝉和小斑鸠能力较弱，于是他们可以'枪榆枋而止，时或不至'，而大鹏则必须凭借一年一次的大风才能扶摇直上。因此，更强大的大鹏受到的限制超过蝉和斑鸠。我们可以这样想，在一年中其他没有大风的日子里，大鹏也是不能有太大作为的。但是，我们更应该知道，大鹏相对于小鸟，它拥有的是更广阔的空间和视野，以及更高远的目标，而大家现在就是在朝这个目标奋进。"

"成长是艰难的，在很多同学的随笔和周记里面，我们经常就这一点进行交流。实际上，成长就像蛹化蝴蝶，必须经过艰难甚至疼痛，我们才能破茧而出，在阳光下展示自己美丽的双翅。但是这是值得的，也是必需的，因为，经过这一天，我就不能再称呼你们为男孩和女孩了，从今天开始，你们已经是女士们和先生们了。"

23. 教学生上网

今天早上，轮到 Richard 讲解诗词了。早读课我走进教室，看见黑板上已经抄好了今天的诗词，是苏轼的名篇：

水调歌头·黄州快哉亭赠张偓佺

落日绣帘卷，亭下水连空。知君为我新作，窗户湿青红。长记平山堂上，欹枕江南烟雨，渺渺没孤鸿。认得醉翁语，山色有无中。

一千顷，都镜净，倒碧峰。忽然浪起，掀舞一叶白头翁。堪笑兰台公子，未解庄生天籁，刚道有雌雄。一点浩然气，千里快哉风。

我照例走上讲台，请大家欢迎 Richard 上场，孩子们开始鼓掌，但是有些孩子没有反应，于是我示意 Richard 暂停，说道："今天的掌声似乎有些稀少啊！"

孩子们还没等我话说完，又重新鼓掌，我笑着说："这也是对别人的尊重。"

问好之后，Richard 开始讲解。上片很好理解，主要是写景，而讲到下片"堪笑兰台公子，未解庄生天籁，刚道有雌雄"几句的时候，Richard 停住了，半天说不出什么来，于是很大方地说："我跳过去行吗？"

我在后排笑着对他点了点头，但是他阵脚已经乱了，仅仅说出我最喜欢"一点浩然气，千里快哉风"几句话，就讲不下去了。于是 Richard 有些不好意思地说："对不起，没有准备充分，让大家见笑了。"然后匆匆下台。

在孩子们的掌声中，我走上讲台："其实 Richard 准备得很充分，前天他就问过我'堪笑兰台公子，未解庄生天籁，刚道有雌雄'的意思，我说我不清楚，要下去查一下，结果我忘了。直到昨天在爬长城回来的车上，他又在问我，可是我还是忘了。呵呵，所以，这次首先是我的责任。美国人有句俗话：'总统是靠不住的。'看来，老师也是靠不住的啊！"

孩子们笑了。我继续说："其实我也十分喜欢这首词，如果今天就这样错过实在可惜！这样好吗？我们让 Richard 再准备一下，今天晚上第一节晚自习再来给大家讲。"

座位上的 Richard 点了点头，然后我说："那就这样！你可以在下课的时候使用我们办公室那台电脑去查一查。"

第一节课下课的时候，Richard 来了，我让他自己上网查找。结果上课铃响的时候，他还坐在电脑前，我问："怎么不去上课？"

孩子嬉皮笑脸地说："物理课，我还没有查到呢！"（作者注：我们班是文科班，所以很多孩子对理科科目的学习很不重视）

我说："物理课就不是课了？"

孩子还有些不想离去的意思，我笑着说："我数 1、2、3，你再不走，我

就把你踢回教室。"

孩子终于上去了。

孩子走后，我坐到电脑前，发现他用的是"3721"的搜索引擎，但是键入的关键词却是"苏轼诗词"，于是网页上一大串无用信息，难怪搜索不到！于是我试着键入了"一点浩然气，千里快哉风"，网页上还是有些明显的无用信息。然后我又在后面加空格，键入"苏轼"，这样就出现了一些可以使用的资料，我调出其中一个，一看，问题已经解决了。

做课间操的时候，我把这些告诉了Richard，我说："你主要是关键词选得太大，又没有进行进一步筛选，所以半天都找不到你要的资料。其实，利用搜索引擎也是一门学问，网络很精彩，但是要很好地利用网络，也要学习啊！网页我给你放在桌面上了，下课的时候来看吧。"

24. 生日

下午4点整，我坐在办公室，当我看见教孩子们数学的曾老师一脸坏笑走进我办公室，朝我走来的时候，我就知道，他找我绝对没有好事。

果然，他站在我桌前，笑着说："老夏，帮个忙，今天晚上你们班的第一节晚自习帮我上好吗？"

我当时的一脸悲愤一定可以惊天地泣鬼神："老大啊！今天该我休息啊！"

曾老师不好意思地说："实在抱歉了，老婆已经进医院了，我必须去看看。"

我笑了："好吧，该去该去！放心吧！我上第一节。"

曾老师道了谢走出去，我又补了一句："恭喜啊！"

因为我知道，曾老师的夫人是到医院生孩子去了。

曾老师即将当爸爸的消息是很久以前就知道了的，不仅是我，孩子们也十分关心这事，关注程度之高，可能仅次于即将到来的半期考试。孩子们对我说，这几天曾老师上课，他们一开始都会开玩笑地说"怎么还没生啊"。

风趣幽默的曾老师也会回答："对不起，让大家久等了，的确还没生。"

吃了晚饭以后，我到行政办公室去了一趟，因为我知道，行办在每个老师过生日的时候都会给老师订一束鲜花。我找到办公室的小杨老师，问她鲜花是哪里订的，小杨老师说她明天正好要去，如果我要订的话帮我订一束，我说谢谢。从行办出来，在办公室坐了一会，第一节上课铃就响了。

当我走进教室的时候，孩子们开始是惊奇："咦，怎么是你？"

突然，有几个反应快的孩子试探着问："生了？"

我还没来得及回答，性急的孩子们以为他们猜对了，20多个人的尖叫和欢呼声差点掀翻了整幢楼。

马上又有孩子问我："男的还是女的？"

这时我才笑着说："你们曾老师的夫人生孩子，我怎么知道？"

孩子们大笑。

调皮的Nicole马上说："那现在下注还来得及，现在男孩子的赔率是1：4，女孩子的赔率是1：2……"

马上有孩子说："你还没有考虑双胞胎和龙凤胎呢，双胞胎还有两个男孩、两个女孩……"

我笑着制止了他们。等孩子们安静一些之后，我继续说："我有一个想法……"

半年多的相处，孩子们跟我简直是心有灵犀了："我们去看曾老师的夫人！"

我笑了一下："恐怕我们的时间不允许。"

"那给他们送个礼物！"

Mary马上说："给他们送辆童车！"

马上有孩子否定："这些东西人家肯定早就准备好了的！"

我说："我觉得不是钱的问题。"

马上有孩子说："对！关键是心意！"

这时我才说："刚才，我已经请行办的老师帮咱们订一束鲜花，不过，只有鲜花，好像缺了点什么。"

孩子们没有明白我的意思。

我继续说："咱们班不是每个同学过生日的时候大家都要以全班的名义送他卡片吗？要不这样，咱们就照老办法，就用这个卡片，还是每位同学，包括我，写上祝福的话，再签上自己的名字，等曾老师来上课的时候一起送给他们全家，你们看好吗？"

"好！"

孩子们兴奋得不得了。管理卡片的Antonia马上起身，到柜子里拿出了卡片，让每位同学写。

千不该，万不该，我不该说最后一句话，因为这句话充分显示了我作为

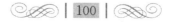

班主任的"无知"，我说："只可惜，我们的卡片是为大家的生日准备的，只有生日卡……"

孩子们全部反对："本来就是生日啊！是小师弟（师妹）的生日啊！我们都写：生日快乐！"

25. 让他三尺又何妨

负责女生公寓的生活老师余老师是一位十分认真敬业的老师。由于众所周知的原因，我不大方便到女生公寓了解情况，于是，女生公寓的很多情况，我都是通过余老师了解的。余老师还经常与我用短信或者电话的方式联系，共同交换对孩子们的意见。

前天，我正在寝室，余老师给我打来电话，告诉我这两天女生寝室有些不对劲。事情的缘起是这样的：Y 与 L 以及 H 共同在一个寝室，根据她们的申请，学校批准她们寝室为学习室，也就是说，可以在晚上 11 点钟熄灯。但是 Y 与 H 学习抓得很紧，常常觉得时间不够，因此洗漱时间就安排得比较靠后，而 L 生活习惯很规律，11 点钟必须睡觉，于是觉得她们两个影响了自己的休息。她们以前就有些小矛盾，但是这段时间矛盾加剧了，孩子们几次发生争吵，甚至说要搬寝室。余老师进行了劝解，但是好像没有太大作用。于是余老师将此事告诉了我，想请我帮助一起沟通。

放下电话之后，我在下午下课的时候先找到 L 了解情况，她说的情况跟余老师所说的基本一样。

我问 L："你感觉如何？很烦闷吗？"

她说："有时候我因为这些睡不着觉，很烦。我们说好的是 11 点准时睡觉，但是她们总是不能做到。"

我点头，当个认真的倾听者。

孩子继续说："还有，Y 睡觉要打鼾的，有时候我睡着了被她吵醒，下半夜都睡不着。"

"哦？"我问。

"其实，我还是很想大家能够相处好的。"孩子很真诚。

我笑了："这我相信，昨天余老师把你们寝室的事情告诉了我，我就想这其实是正常情况。我会再找其他的同学了解一下，帮助你们互相沟通，你们也可以自己沟通，好吗？"

孩子答应了。

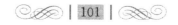

晚自习的时候，我找到了 H，询问她对这件事的意见。H 是个很随意大气的孩子，她说其实没有什么的，只是寝室里面的一些小摩擦而已。我肯定了她的理智和洒脱，又问她，觉得老师是否有必要介入。H 说其实用不着老师，她们自己能够解决的。

H 的看法其实和 L 是一样的，都觉得事情很小，不值得老师出马。但是，下晚自习的时候，Y 找到了我，说："夏老，我能耽误你一会吗？"

"当然可以，"我笑了，"其实我正想找你呢。"

我们到办公室，孩子坐在我对面，开始说起。她觉得 L 对别人的要求太高了，以自己为中心，有时候她要睡觉的时候还没有熄灯，连笔在纸上写字的沙沙声都不能忍受。"还有，"孩子有些不好意思，"我睡觉打鼾。"

我笑了："我也是，很吵人的。"

"真的？"孩子问。

"是。"

"于是她经常晚上把我叫醒，弄得我下半夜也睡不着。H 说其实推一下我的床我就会不打的，但是她每次都是把我叫醒。"孩子有些委屈。

"你觉得事情很严重吗？"我问。

"有些严重。"孩子回答。

"我已经跟 L 和 H 了解了情况，我感觉，她们都和你一样，真诚地想解决问题，我想这就是最好的。"我说。

"但是，你们的问题也许是沟通还比较少，彼此的体谅好像还不够。但是有一点你应该明白：共居一室，矛盾是难免的，也是正常的。"

孩子走了之后，我想：在这种寄宿制学校，公寓里孩子有矛盾肯定是很正常的，但是，我也应该抓住机会，引导孩子们学会尊重他人、尊重自己。于是，我决定在周六的班会上还是要讲一点。

班会课之前，我将 L 叫出教室："待会上课我可能要说一些东西，但是不是批评你们，也不是针对你们，而是想帮你们沟通，好吗？"

孩子答应了。之后我又叫出 Y，把同样的话告诉了她。

上课了，我走上讲台："记得以前我跟大家讲过古代建筑，我们提到，在传统建筑的大门，很多有钱人家都要修一个……"

"照壁。"

"对，现在在一些寺庙前面都还有。我们也说过，其实修照壁的真正原因是为了什么呢？"

"挡住外面人的视线，不让他们看到大门里面。"孩子们回答。

"对！在相传是鲁班写的一本据说是中国最早的建筑学著作中，作者提到了中国古代造房子的一个大忌，就是两家的门不能够正对着。作者说，如果这样的话，对家庭不好。其实如果用现在的观点来解释，无非是家门正对，对方大门之内的事情一览无余，容易引起矛盾。所以现在我们住单元楼，总是一进家门就马上关门，生怕被别人看见。"

孩子们笑了。

"有一个很有趣的寓言，说在冬天，一群豪猪很冷，于是聚在一起，用彼此的体温取暖。但是刚一接近，它们又被彼此身上的刺逼开，然后又感觉到冷，再聚在一起，又再被逼开。最后，它们终于找到了一个合适的距离，既能取暖，又不被扎。其实，人也是这样，距离为什么能产生美？很大程度上是因为距离保护了彼此的隐私，因此，给人以安全感。而当自己的隐私被侵犯的时候，人连安全感都没有，何来美呢？"

"你们觉得你们现在有足够的隐私权吗？"我问。

孩子们摇头。

"的确，集体住宿的最大弊端就是侵犯了人的私密空间。在一个房间，上上下下、吃饭睡觉都在一起，连说梦话都有人知道。"

孩子们笑了。"还有打鼾！"有孩子说。

我也笑了："对，还有打鼾，不过说到打鼾，我想起了两个故事，与打鼾有关的。"

"记得是去年我看到报纸上的一个案例，"我继续说，"一个人到外面住旅馆，晚上睡觉的时候遇到一个打鼾的，吵得他一直睡不着觉。于是，这个人愤怒之下，拿起一把铁锤，把那个打鼾的人给杀了。"

孩子们震惊了。

"另外一个故事，好像是著名作家梁晓声写的（我依稀记得是他，不能太确定），有一次他到外地开会，也是与一个人同住一屋。半夜的时候，梁晓声睡醒了，看见那个人在阳台上坐在椅子上抽烟，于是梁晓声问他为什么还不睡，那个人的回答让他大为感动：'我睡觉打鼾，经常影响别人，所以我想等你睡着了之后再睡。'"孩子们惊讶了。

我继续说："同样是打鼾，不同人的处理方法竟如此的不同，其实我们应该深思了。"

"寝室生活，因为私密空间狭小，所以产生矛盾是十分正常的。但是，

在产生矛盾的时候，我希望每个人都能多替别人想想，这绝对不是退让。敬人者，人恒敬之。感情，不管是爱情还是友情，都是付出之后才有回报的。有时候这种回报远比你的付出多得多，比如梁晓声遇到的那个打鼾的人，他尊敬梁晓声，同时也获得了梁晓声的尊敬，而且梁晓声还专门为他写了一篇文章。"

"所以，我们应该正确看待这种矛盾。矛盾产生的原因有两个，一个是私密空间狭小，一个是大家的背景、性格、生活习惯的差异。至少在我们班上，我不认为这种矛盾与谁的道德品质有关，而且我很高兴地看到，我们有些有矛盾的寝室里面的同学，对解决矛盾都抱着一种十分真诚的态度，没有谁觉得自己绝对正确，而且还是想替对方着想的，只是在沟通上可能还不太畅通，难免有些误会。的确，同学之情是珍贵的，想象一下：10年、20年之后，在街上遇到老同学，该是一种怎么样的激动啊！如果还是住一个寝室的，那可就更激动了。古人有首《四喜诗》，讲的是人生四大喜事，其中一个就是他乡遇故知。再推而广之，上大学之后，如果在外地读书，见到一个四川人可能都会觉得十分激动。如果以后你们出国，见到一个中国人，那也是倍感亲切。如果是到其他星球，好容易看见一个地球人，你肯定会高兴得大叫：'哇噻，哥们，我也是从地球上来的耶！'"

孩子们大笑。

"所以，我相信我们的同学能够充分替别人着想，好好面对矛盾，并解决矛盾。清代有一个官员在京城做官，他家乡的亲人因为修房子与邻居发生了矛盾，因为双方都想把自己的墙修得靠外一些。双方争执不下，家人给他写信，想让他出面，让邻居就范。他回了一封信，只有四句诗：千里修书只为墙，让他三尺又何妨！万里长城今犹在，不见当年秦始皇！后来，他的家人听从了劝告，主动把墙缩回三尺。对方一看，也觉得不好意思，也把自己的墙缩回三尺。于是，就留下了一条宽六尺的小巷。据说，这条小巷到现在都还在，并被传为美谈。"

26. 反日与爱国

今天晚自习，我刚走进教室，Vivian就走上讲台说："夏老，你看看这个，这是我爸爸从网上下载下来的。我看了一下，太气人了！我觉得我们班应该就此讨论一下。"

我接过她递来的一叠资料，一看，首先就是网上曾经传播很广的据说是

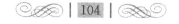

水均益写的《日本，我想对你说》，后面还有几篇在网上都看过的反日和抵制日货的宣传。

我说："你觉得该怎么样?"

"我觉得大家应该讨论一下。"

我看了看，说："那个水均益的文章是假的。"

"假的?"

孩子们很惊奇。

我说："是，水均益曾经公开辟谣，说他没有写过这篇文章。"

"那是谁写的呢? 为什么要写呢?"

我笑了笑，没有回答。

走到后排，看见班长 Spiderman 没有穿校服，而是穿了一件短袖 T 恤。我忙对他说："这两天降温了，怎么不穿校服! 小心感冒! 马上穿上!"

孩子笑着把搭在椅背上的校服拿来穿上，几个孩子笑着说："夏老，人家是故意不穿的呢!"

我这才仔细一看，原来，T 恤的前后都印着国旗和地图，并写着"抵制日货，还我钓鱼岛"等字样，我笑了。

上课了，照例是上周的值周班委总结情况，完了之后，我简单说了一下，然后叫大家自习。我走下讲台的时候，Vivian 很着急地对我说："夏老，怎么不讨论一下呢?"

我说："我还以为只是你一个人的意见呢，大家都知道这事吗?"

"都知道!"

孩子很着急。这时我才明白，原来他们已经有计划了。于是我问："怎么讨论?"

"班长来! 班长上来!"

班长 Spiderman 有些羞涩地站了起来，孩子们又喊："把校服脱了!"

Spiderman 迟疑地看了看我，我笑着点了点头，于是他脱去了校服上衣，穿着那件 T 恤走上了讲台，拿出了准备好的资料。

"这个周末，我到成都春熙路去玩，正好遇见很多人在伊藤洋华堂（成都的一个日资商场）闹事，于是我也去看了一下。当时有很多人，至少有几千人吧，都在喊打倒小日本，在那里示威（几天前，示威的人群曾砸毁了商场——作者注），群情很激愤，我把这个资料念一下。"

门口来了一位检查仪容仪表的老师，他悄声告诉我："您叫 spiderman

把校服穿上吧!"

我轻声回答:"他现在故意不穿的,下去之后马上穿。"

于是 Spiderman 开始念一份号召抵制日货的资料。念完之后,他说:"我觉得,抵制日货我们还是可以做的,但是闹事就不必了。其实,我觉得当中有很多人是去搞破坏的,就像我一样。"

孩子们大笑。

Spiderman 回到了座位上,我走上讲台:"今天其实我很感动,上课之前 Vivian 就给我说了这件事情,我不知道很多同学都做了准备。现在我们就来讨论一下,大家对这件事怎么看?"

Mary 说:"抵制日货是对的,但是就怕只是一股风,过一段时间就没有影了。"

我说:"你的意思是应该一直坚持下去?"

"对。"

有孩子说:"不管怎么说,我们应该抵制日货,这样日本的经济就会受到巨大打击。"

我说:"如果有些东西,比如精密电子仪器和机械,我们制造不出来,必须从日本进口呢?"

Damary 举手说:"我觉得我们民间抵制日货,主要也就是一些日常用品,电子仪器之类的是国家在进口,我们现在制造不出来,那么就发展经济,争取早点制造出来,就不受日本人控制了。"

Richard 举手起来说:"我觉得抵制日货不是最根本的办法。因为现在的世界是互相交流的世界,很多日货并不是在日本生产的,甚至有些日货就是在中国生产的。同时,有些其他国家的产品里面也有日本零件,总不可能把那些零件都拆出来吧?但是抵制日货也有好处,就是使国家能够看到人民的呼声,增强信心。"

我笑了:"我觉得你真的能去当外交家了!谈得这么周密!"

我接着说:"我也谈谈自己的看法。我觉得,爱国肯定是对的,但是,我赞同 Spiderman 的看法:不应该采取过激行动。在诸如爱国、民族之类的高尚大旗的掩护下,很多人便事先宽恕了自己的行为。侵华日军在中国烧杀奸淫,他们觉得自己是在爱国;印尼暴徒砸毁华人店铺,强奸华人妇女,他们不但认为自己是在爱国,甚至认为他们是在维护伊斯兰的教义;纳粹屠杀犹太人,则认为自己几乎是在为全人类作贡献——清除劣等民族。我觉得,抵制日货是可以的，也可以号召大家这样做，但是不能强迫别人，更不能蛊惑别人，比如过分强调抵制的结果，实际上就是一种蛊惑。同时，爱国绝不止抵制日货这个层面，或者说，不能将抵制日货作为爱国的目的来追求。"

第一节下课铃响了，我让孩子们休息一下，然后又走到他们中间，跟他们聊。

Antonia 说："昨天，我们和给我们补课的老师谈到这件事，那个老师说：'这件事情我不作评论，但是，每次这样的事情，最容易被鼓动起来的，就是学生。'"

我说："亨廷顿曾经统计过，前南斯拉夫的冲突，其时间正好跟 20 年前当地穆斯林的一次生育高峰相对应，在那次生育高峰中增加了 25% 的人口，而后来参与冲突的主力军就是这些 18～30 岁的年轻人。"

Ariel 说："我爸爸也说，这些事情主要也就是学生在闹，其他的人其实很少说话的。而且，如果要大家都把家里的日货扔出来，那好多人家里都要破产了！"

很多孩子也在座位上谈自己的观点。有的说前几天在伊藤的游行还有很多人，这几天越来越冷清了。有的说其实用日货的主要是城市居民，尤其是白领，学生是用得很少的，因为他们没有钱。

第二节课上课了，Antonia 和 Ariel 都站起来表述了自己的观点。Vivian 又站起来说："我觉得关键是要日本的年轻人明白他们的国家犯下的罪行！日本必须向中国道歉！"

我说："他们会愿意明白吗？"

"不愿意明白就强迫他们明白！"

我笑了一下："我觉得，在国际关系上，运用道德标杆来衡量是不切实际的。丘吉尔曾经说过：'没有永远的敌人，也没有永远的朋友，只有永远的利益。'"

一个孩子站起来："夏老，你既然反对抵制日货，那你觉得最好的办法是什么？"

我笑了："我可没有反对抵制日货啊！我的观点是：抵制是可以的，但是不能强迫别人，更重要的是，爱国并不仅限于抵制这个层面上。同时，在爱国的时候，应该有行为底线，不能把爱国当成发泄某种不良情感的机会，更不能被有些人利用。当然，这些都是我的个人观点，我并不是在这里教训大家该怎么做。至于最好的办法，其实我也不知道，因为我不是政治家，也不是外交家。但是我相信一点，就是毛主席说的：落后就要挨打！这是天经地义的。"

下课之后，很多孩子还在议论着。我想，希望孩子们能在这些事情中逐渐成熟。

27. 母亲节快乐

晚自习，我走上讲台，说："我昨天好像说错了一句话。"

孩子们不知道我什么意思，都盯着我，我继续说："昨天我说，'五一'已经过了，下半期的节日咱们恐怕只有儿童节了，今天我才知道，我好像错了。"

几个聪明的孩子一下子就反应过来了："母亲节！"

我笑着点了点头："这个肯定是个洋节，不过，既然圣诞节、情人节、愚人节大家都在过，为什么又要放过母亲节呢？所以，我希望我们每位同学都能为自己的母亲做一件事。"

有孩子说："回去……"

我笑着打断了她们的话："现在回去显然是不现实的，但是，我们至少可以发个短信，或者打个电话。这对于我们只是举手之劳，但是对于母亲，意义就重大了。"

很多孩子脸上露出了笑容。

晚自习下课之后我去查寝室，走到男生 119 寝室的时候，看见 Spider-man 正在打手机，我问："给你妈打电话？"

他说："发短信没有回音，打电话过去居然关机！郁闷！"

我说："那就发短信吧，你妈妈明天起来就会有一个大惊喜了。"

从寝室出来，想象孩子们的母亲们接到祝福时会有多欣慰，自己也笑了。

28. 学生拒绝投稿

小时候就有作家梦。

记得还是高中的时候吧，曾经有那么一段时间，疯狂地写字（只能叫写字，不能叫写作），写好了就装在信封里，贴上 8 分钱的邮票寄出去。高档的刊物不敢碰，比如什么《收获》、《十月》之类的，只敢量力而行投到《中国少年报》、《少年文艺》一类的刊物。梦想有一天学校传达室的大叔会叫着我的名字，让我去领稿费，实在不济，就算是得到几封退稿信也是一件值得骄傲的事情。那时候特别喜欢看那些出名之后的作家写的忆苦思甜的文章，都说奋斗时收到多少退稿信云云。于是自己也暗下决心：一定要将所有的退稿信都收藏起来，倒不是等着以后出名的时候去找编辑老爷的不痛快，而是借此来作为自己意志坚定、百折不挠的证据。那时候正流行张海迪大姐的作品，特能给人以激励。可是，文章投出去之后都毫无例外地石沉大海，而且连退稿信都没有一封。后来，好不容易在我们铁路上的一个内部刊物发表了一首"诗"，就是每过 5 个字就提行的那种，终于看到自己的文字居然也变成了铅字，着实虚荣了好久。那时候，就是做梦都梦见自己的文字能够变成印刷体的。

长大之后，作家梦是破灭了，身为语文老师，据说也有培养作家的义务，于是对孩子们的作文向来还是比较注意的。两个星期以前，学习委员 Sally 就告诉我，学校社团要出报纸，要每个班出一些文章，请我协助她的工作，在班上宣传一下。我当时并不以为意："发表你的作品是对你的肯定啊，如果在我那时候，保证激动得三天睡不着觉呢！"于是我对 Sally 说："这事就用不着我出马了吧！你自己完全可以搞定啊！"

过几天，我也就把这事给忘了。

一个星期以后，Sally 又找到我："夏老，他们都不愿意交！我把什么都给他们说了，他们还是不愿意啊！还是你去说吧！"

我多少有些意外，难道现在的孩子淡泊名利已经到了这种境界？于是我决定亲自出马了。

在一天中午的读报课上，我叫大家先放下手里的事情，然后把学校社团要稿子的事情说了一下。没想到，我话音未落，下面一片哗然：

"凭什么啊！那是我们的隐私！"

"又没有稿费！"

"我们不想让别人看到！"

我顿时有些下不了台："写在随笔本上的是什么隐私啊！我都看了的啊！"

这句话一出口，我就知道自己说得很没水平。果然，孩子们反驳说："这些只能你一个人看的，我们不想别人看到！"

我既感动又尴尬，现在我知道，Sally 的困难是实实在在存在的了。

昨天开班主任会，杨校长把一些具体的事务说了之后，又补充了一点："关于我们学校学生社团报纸的问题，现在有很多班级的孩子都不愿意交上来，希望各位班主任能动员一下，支持学校工作。"

这时我才知道，原来，这个问题并非是我们班独有的。

原来，世道变了。现在的孩子，对成功的理解跟我当时已经不一样了。电脑打印机的普及至少在形式上使铅字已经不再具有诱惑性，"知识产权"的概念更使孩子们了解自己的作品具有的价值，而个性的强化更使孩子们对自己的隐私权有着强烈的保护意识。看来，靠"成功感"来吸引孩子们是过时了。

可是，需要办的事情还是得办，当然，我必须换一种方式。

下课的时候，我叫出了 Adelle、Jessie 和 Damary，开门见山地对她们说："有事情要你们帮忙。"

于是我对他们说了交稿子的事情，孩子们脸上流露出不情愿的表情："夏老，我们的文章写得很臭的啊，你找别人嘛！"

听到这样的回答，我就看到了胜利的曙光："我是你们的语文老师，我还不知道谁的文章写得好啊！而且我刚才说过了，现在也是请你们帮忙，协助学校的工作，也是协助我的工作。"

几个孩子还笑着有些想推辞的意思，我也笑着霸道了一把："就这样定了！把随笔给我交出来！"

"那用化名行吗？不要用我们的真名吧！"

我笑了："想当年我想出名都想疯了，你们现在真是比隐士还隐士啊！好！答应你们！"

孩子们笑着走进教室，把自己的随笔都拿出来交给了我。

这期报纸是由 Mary 负责，我找到她说："我已经选了 3 篇了，你再把你的随笔交来。还有，我电脑里面有两篇。"

Mary 第一句话就说："夏老，你都告诉他们了吗？"

我笑了："那 3 篇随笔我都告诉他们了，电脑上的是 Spiderman 的和 Antonia 的。你拿 U 盘来，我给你拷进去，Spiderman 的随笔牵涉他家里的一些事情，我下来征求他的意见。"

Mary 很严肃地说："这样吧，夏老，你先征求他们的意见，等他们同意了之后，我再拿 U 盘来拷上。"

我倒是有些不好意思了，只好说："好，我马上找他们征求意见。"

下课的时候，我叫来了 Spiderman 和 Antonia，告诉他们这事，并对 Spiderman 说，因为他的文章涉及他的家事，所以我一定要征求他的意见。

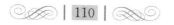

两个孩子很爽快："没问题的，夏老，我们同意！"

孩子走后，我长出一口气：这么简单的事情竟然这么麻烦，看来世道真的变了啊！

29. 我们班的诗人

今天早读，轮到 Spiderman 进行诗词鉴赏。

我走进教室，看见他正在往黑板上抄一首现代诗：

离开以后

烈火把记忆烧成灰活埋

狂风送泪水汇成河入海

时光已飞逝不在

失去就不会再来

只有我在等待

等待一切重来

重来不如忘怀

忘怀不如放开

　放开这熟悉的土地

　放开这深爱的大海

　不再回来

　不再分开

抄完以后，这小子就站在台上不动了，连作者都没有抄。我笑着率先鼓掌，孩子们一起鼓掌欢迎他讲解。Spiderman 说这首诗主要讲的是时光流逝，不能总是怀念过去，不如放开，让过去生存在记忆中，于是过去永存。说到这里，他顿了一顿："就像我们现在在高二（3）班，一年多以后，我们将进入大学，高二（3）班将不再存在，但是我们的美好回忆永存。"

孩子们若有所思，Spiderman 又说："其实，这首诗是我写的，所以就不好意思写上作者了。"

孩子们一惊，随即热烈鼓掌。掌声中，Spiderman 走下讲台，回到座位。

我走上讲台，说："昨天，我在日记里写了 Vivian 她们办的板报和 Arny 昨晚的诗配画，我内心为大家的想象力和创意而感到惊奇和自豪。而今天，Spiderman 把自己的作品拿来鉴赏，又一次让我看到了我们同学的创意。他没写诗作者的时候，我们还以为又是哪位名家的作品呢！昨天，我还和铁皮鼓老师谈到我们的诗词鉴赏课。我以为，在这个讲台上，我们并不只是对某首诗歌进行介绍，诗词签赏对大家的口头表达能力、分析能力、仪态也是很重要的锻炼。而现在看来，大家为这堂课注入了更新鲜的内容——我们的创造力！谢谢大家！"

30. "易经大师"

上周，Richard 就问我诗词鉴赏能否讲《老子》、《庄子》之类，我说当然可以，但是准备得更充分一些。前天，我到教室的时候，就看见黑板上抄了《老子》中的几段话：

> 知人者智，自知者明。
> 胜人者有力，自胜者强。
> 知足者富，强行者有志。
> 不失其所者久，死而不亡者寿。

我笑了，这孩子还玩真的啊！在大家的掌声中，Richard 略带腼腆地走上讲台，开始讲解。看得出来，孩子的确认真"备过课"的，不仅对《老子》的内容、体例、观点进行了比较详细的介绍，还解释了自己选择这几段话的原因："我觉得，这几句都是从认识自己、认识周围人的角度来谈人生的，这些观点对我们现在来说都很有参考意义。当我第一次看到这些句子的时候，我就惊奇：2000 多年前的人，竟然就有这么深刻的思想……"

讲解结束了，我走上讲台，高度评价了孩子们的创新精神和钻研的态度，并鼓励大家继续发扬这种精神。

第二天，轮到 Naruto 讲解了，我走进教室一看黑板，狂晕！黑板上写的竟然是《易经》上篇第五十八卦"兑"的卦辞！

《易经》第五十八卦　兑　兑为泽　兑上兑下……

兑：亨，利贞。

象曰：兑，说也。刚中而柔外，说以利贞，是以顺乎天，而应乎人。说以先民，民忘其劳；说以犯难，民忘其死；说之大，民劝矣哉！

旁边还详细地画出了八卦的各个卦象及名称，我不得不佩服这些孩子的勇敢精神了！大家看到我惊奇的脸色，都笑了，不过还是用热烈的掌声欢迎 Naruto 上台讲解。孩子对《易经》进行了简单的介绍，并介绍了八卦的名字和代表的含义，然后就开始介绍卦辞。虽然很简单，但是我并不认为他是错的——好在他还没有把爻辞再写上来，不然的话，一节课都不够他说的！也好在几年前我自己也曾看过一段时间的《易经》，甚至还试着给别人算过命，哈哈！所以，孩子下去之后，我还煞有介事地上去对此卦进行了分析，并谈了我自己的《易经》观：易者，变易也，生命永远在运动，永远在变易，人不可能两次踏进同一条河流云云。

讲完之后，我也在想，这两次也幸亏是我看过《老子》、《易经》，还能胡侃几句，如果没有看过呢？

其实，没有看过是必然的，因为没有任何人能保证自己的阅读量能超越任何人，哪怕是老师。所以，曾经提过的"要给学生一碗水，老师要有一桶水"的观点无疑是漏洞很大的——老师不是送水公司的送水员，而是教会学生去寻找水源的人。当然，尽管如此，老师多看一些，多了解一些仍然是重要的，至少，在一定程度上可以减少孩子们在寻找水源时所做的无用功。

31. 女飞贼

这个星期，让人感觉到，夏天终于来了。

其实温度也不算很高，但是成都地处盆地，气候湿热，所以平添了许多热度。教室的风扇几乎是一直不停地扇着，门窗大开，孩子们还是挥汗如雨。天气热了，饮水机里面的水也喝得很快。昨天早上，刚换的两桶水已经见底了，Sky 提着桶想叫男生跟他一起去换水，却没有人响应——孩子们都累了。我叫上 Sky，说："我们一起去吧。"后勤的老师对我亲自来换水都有些习惯了，我们交了两张水票，两桶水，爬上 4 楼，回到教室。

今天下午，到教室，我就看见昨天换的两桶水马上就要没有了，我想：多半又得换水了。

下午上 5 班的课，然后开会，然后吃饭。上晚自习，我走进教室，一帮孩子哄堂大笑，我以为我又把衣服穿反了，急忙检查，没有。我问："干吗啊？拣到钱包了？"

Vivian 得意地说："夏老，你今天应该表扬我们班的女生。"

我问："怎么了？"

Damary 得意地说："你看教室后面！"

我一看，饮水机上放了一桶刚换的水，还有地上一字排开的 4 桶水！看上去就像阿帕奇武装直升机机翼下面挂的导弹，煞是壮观。我问："这是女生换的？"

几个孩子得意地说："是啊，每次都是男生换水，这次我们女生也来换水了！"

我不禁有些感动。Antonia 神秘地说："而且啊，我们 5 桶水只用了 3 张水票！"

"干吗啊？你们抢劫呢？"

Damary 故作忏悔状："我检讨！我是始作俑者，我和 Arny 先拿了 3 张水票，扛了两桶水，然后，她们几个又来了，说干脆多扛一些。"

Vivian 得意地说："于是我上去，故意对后勤的老师说：'我们领一点粉笔好吗？'然后我用身体挡住了他们的视线，然后其他的人就溜进来一下又扛了 3 桶！"

我哭笑不得，Damary 又说："我们出来的时候，正好碰见杨校长，我们吓死了啊！"

我笑着说："现在你知道当地下工作者的滋味不好受了吧？"

几个孩子还在打趣："今天幸好 Vivian 使用了'美人计'，不然我们是偷不到这么多水的……"

我故作严肃地说："这事要是传到'江湖'上，大家都知道：夏老当班主任，就教了一群贼出来啊！"

孩子们大声反对："不对！不是贼！"

我说："不是贼，是什么？"

"是女——飞——贼！"

在 新都的日子

1. 我能做你的朋友吗

8月31日，学生报到。

直到早晨开会的时候，我才知到我的工作安排——高2008级8班班主任兼语文老师。今年一中来了很多老师，于是工作量都不够了，有些老师才只教一个班，像以前那样教两个班当班主任的几乎就没有。不过我倒是觉得挺好——很多年以来，似乎都没有这么轻松的工作了。其实，这样对自己、对孩子们都有好处。

散会以后，我到了教室所在的学思楼，找到了我们班的教室，铺开摊子等待孩子们。由于不需要班主任收学费，所以报到只是一个注册手续而已，很简单，也很快。就在这时候，L在她妈妈的带领下到了我的桌前。

"老师，请问一个问题：下面名单上有两个L，一个在8班，一个在11班，请问我是在哪个班啊?"

我抬起头："很抱歉，我也不知道，不过你们可以到教务处去，根据你的成绩和资料查一下。"

"哦，好的，谢谢!"

孩子和她母亲一起走了，我继续给其他的孩子办手续。

半小时之后，孩子和她妈妈又来了，脸上满是泪痕，而且还在不住地抽泣。

"怎么了？第一天就'梨花带雨'啊?"我笑着说。

"她去看了，分在8班，但是她初中时候的很多好朋友都在另外的班，

她舍不得。"母亲回答说。

"是吗?"我笑了,"但是,你有没有想到过,在8班你可能结识更多的新朋友呢?"

孩子点了点头。

"如果愿意的话,很希望我能做你的朋友。"

我向孩子伸出了手:"夏昆,认识你很高兴!"孩子有些羞涩地握住了我的手。

我叫报到了的孩子们10∶30再到教室集中。10∶20的时候,L进来了,脸上已经没有了泪痕,步子轻快地走进教室。

"怎么不哭了?"我打趣地问。

"没事了!我会认识很多新朋友!"孩子笑着说。

我说:"屈原有一句诗:'悲莫悲兮生别离,乐莫乐兮新相知。'其实,你和朋友们不是生别离,但是,你却会有很多新相知,应该说这是人生的一大幸福啊!"

"嗯。"孩子点了点头。

2. 又是座位问题

座位问题仍然是一个问题。

在盐外的时候,班上只有29个人,孩子们已经上高二了,彼此比较熟悉,教室也不大,于是,我就叫学生自己选择座位,因为这样比较民主,不过也着实虚荣了一把。其实这样做也是有前提的:学生少,第5排就是最后一排,彼此差别并不大,所以自由选择座位以后,孩子们彼此的差别也并不大,一般不会引起不快。但是到新都一中之后,我接到的高一(8)班有64个人,按照我的安排,教室必须排成8个组,每个组8排,前三排跟最后一排的区别就无法回避了。

报到的时候,我就在想:上学期使用过的自己选择座位的方法还能继续使用吗?想了很久,我觉得在人数众多的班级恐怕是不可行的。报到的时候,有几个孩子很显然是自我约束能力比较差的,如果把他们安排在一起,很可能会影响课堂秩序。但是,我的原则是不将座位的性质异化,于是,我想尝试另外一种办法。

报到结束之后,孩子们回到教室,我叫他们把教室打扫了,桌子椅子都摆放整齐之后,全班走出教室列队。然后,我很随意地叫我点到的孩子们依次走进教室坐在我指定的座位上，没有任何参考依据。孩子们都坐进教室之后，我走进教室。

"座位问题一直是一个问题。"我笑着说。

"你们觉得应该按照什么来安排我们的位置呢？"

"按照成绩！"有几个孩子说。

"不，我的班从来不按照成绩来排座位，我更不愿意把座位作为惩罚学生的手段。"我正色说。

"按照视力！"又有孩子说。

"我觉得也不大好。因为现在的中学生绝大多数都是近视，谁比谁强多少？"我说。

孩子们笑着说："按照身高！"

我也笑着说："这样更不公平了！明明人家发育良好，身体健康，身材高大，却要因为这个而被迫坐在后排，难道身体健康还是错？这不是歧视人家吗？"

孩子们也笑了。

"所以，我们班的座位什么都不按。"

我慢慢地说："以后，我们每个星期都要调换座位。具体是这样的：不仅每个小组之间要调换，每个小组内部也要调换。就是说，今天坐在最后一排的同学，星期天回来的时候，就调换到第一排，第一排调换到第二排，依此类推。"

说完之后，孩子们中间有一些小小的骚动，坐在最后一排的几个孩子倒是面带喜色。

"原因有几个：每个同学都应该坐在不同的位置上，这样对大家的视力都有好处，同时，每个人都有权利坐在任何位置上。我说过，座位就是座位，一个坐的地方而已，如果有谁说因为座位不好而影响了自己的学习的话，我只能认为他在给自己找借口，而且这借口很拙劣。"

"我也是高度近视，但是我刚才在教室最后排看了一下，一般情况下老师的板书是能够看得清清楚楚的，如果实在看不清楚，只能说明你的眼镜该换新的了。"

我又把调换座位的方法给孩子们说了一遍，然后问："明白了吗？"

"明白了！"

下午的时候，一位陪孩子来报到的家长对我说："夏老师，我孩子眼睛不大好，能不能把他的位置安排在前面？"

我把我们班调换座位的方法给她说了，并且告诉她她的儿子下周一就会坐在第一排了。

家长高兴地说："好！这样就好！"

我心里暗笑：这下，以后应该没有家长因为孩子的座位来烦我了。

3. 秋天里的夏天

今天早晨，广播响起的时候，我已经站在操场上等待了。孩子们陆陆续续走进操场，站到自己的位置上。

这一套广播操高一的孩子都没有学过，所以都不会做，因此这几天早上他们都是站在那里看高二和高三的同学做。我也没有说什么。但是结束的时候，主席台上的老师说："高一的同学，上周体育课的时候已经教了你们前两节了，为什么不做呢？能做多少做多少啊！"

我心里暗笑了一下，看来这种惰性全年级一千多个学生身上都有啊。

今天，因为朋友的介绍，我到另外一个学校去帮他们上一些课。

跟一中的孩子相比，这些孩子的情况可能是要差一些的，上午到他们教务处的时候，那里的老师也跟我说了这一情况。我不以为然地笑了，其实，"差"的学生我不是没有教过，或者说，我就是最差的，我怕谁？

我的任务是给他们上应用文写作，走进教室的时候，我从周星驰电影里面看到的那些火爆场面并没有出现，相反，孩子们也都很乖，虽然有些孩子也有点小调皮。

我在讲台上作自我介绍："我姓夏，夏天的夏……"

下面突然有个男生说："你的季节已经过去了！"

我笑了一下："夏天可不是我的季节，是我儿子的，我儿子就叫夏天。"

下面的孩子都笑了，我继续说："不过对于你们来说，我的季节就从现在开始了，因为我将担任你们这一学科的教学。"

今天的课有两节，第一节讲了一些学科方面的特点以后，还有两分钟下课，我就对孩子们说："大家有什么想法或者意见可以先提一下。"

一个孩子说："老师，你很帅啊！"

很多孩子都笑了起来，我也笑了："很高兴我们的观点取得了惊人的一致！我也是这样想的。希望在以后的学习中我们的观点能继续一致，好吗？"

孩子不说话了。

另一个孩子说："老师，你的发型很酷！"

我又笑了："是吗？不过我觉得主要原因是人酷。"

孩子们又笑了，我说："如果是一个腹内草莽的人，头发再好看，最大的价值也不过是给发廊多送点钱而已。"

一个孩子举手，我示意他说，孩子站起来说："老师，我建议以后我们上课的时候还是起立问好一些。"

我说："其实刚才我进教室的时候也在想，是不是叫起立呢？不过我想起我们大学的时候都没有说起立，所以我一不小心把你们当大学生看了。不过这是我的错误，从下节课起，我们就起立问好。不过我有一个要求，起立之后，我先问好，然后你们再问好，这样有两个好处：第一，显得我比较谦虚；第二，我问好之后，大家再问好，有利于大家掌握节奏，不至于几十个人几十个节奏，听起来很不舒服。希望从今天开始，我们就能踏上一条新的起跑线！"

下课铃响了，我走出教室，准备去过烟瘾。一个孩子从后面把我叫住了："老师，有点事情。"

我停下问："什么事？"

"我觉得我们还是需要一个科代表，你说呢？"

"当然需要，只是我们今天第一次上课，我还不熟悉大家，你觉得谁当比较好呢？"

"我能自荐吗？"孩子看着我说。

"当然好！谢谢你的支持！"

"其实我很喜欢语文，也很喜欢文学，以后你能多讲一些文学作品吗？"

我笑了："当然，语文跟文学是不能分开的。对了，你叫什么名字？"

"我叫魏巍，就是那个《谁是最可爱的人》的作者。"孩子有些调皮。

我笑着说："你的大作我小学的时候就拜读过了，印象很深啊！"

4. 刚上任的新官

早读的时候，我还在办公室，就听见某个教室里面传来一个高亢的女声："上课了！你们怎么还说话啊？听见没有？"

我心里暗笑：哪个班的老师这么劳累啊，太辛苦了。

走出办公室，走到教室门口才发现，我笑的其实是自己的班——班上交作业的孩子乱成一团，新上任的纪律委员 C 正在维持秩序，刚才的话就是她说的。

　　我走进教室之后，说话的慢慢没有了，我没有做声，静静地看孩子们早读。

　　早读课还有两分钟下课的时候，我示意大家安静："我想说两件事：第一，希望以后我们交作业能提高效率，每位同学到教室后第一件事就应该清出自己的作业交到组长座位上，组长就在座位上清理好作业，交到科代表那里；第二，我觉得今天有一位同学应该表扬，就是我们新上任的纪律委员 C 同学。"

　　孩子们全部鼓掌。我继续说："今天早上由于交作业，秩序有些乱，而 C 同学很清楚自己的责任，并且勇敢地承担起了这份责任。刚才我还以为是哪位老师在维持秩序，进来才知道是我们的班委。我觉得，她就是一个很有角色意识的人，知道自己的职责！"

　　我继续说："昨天中午我在家看《百家讲坛》，昨天讲的是麦克阿瑟。节目里面说，麦克阿瑟一生转战世界各地，但是他灵魂的家园只有一个，就是他的母校——西点军校。影响他一生，使他最后成为一代名将的，其实就是西点军校的校训，翻译成中文就是 6 个字：责任、荣誉、国家。也正是由于这种理念，西点军校不仅成为美国最著名的军校，也成为世界一流的军事院校。在西点军校的花名册上，可以找到建校以来所有美国名将的名字，包括麦克阿瑟、巴顿、艾森豪威尔等等。所以，一个人只有明确知道自己的责任，才有可能走向成功。"

　　我又停了一下："但是，我也要批评两类同学：一类是不顾班委干涉，仍然继续说话的同学。人类发明语言是为了交流，但是这些同学不顾别人的要求，实际上也就是拒绝交流了。更重要的是，上课之后，没有纪律意识，而这是我反复强调多次的。第二类是我们的一些组长，昨天我们已经开过会了，我们的班风、学风首先需要组长维持，但是我今天早上没有看到任何一位组长站出来维持纪律。这里我也要不点名表扬一位组长，昨天晚自习的时候，我看见他主动去提醒一位走神的同学集中精力听讲。"

　　孩子们有些骚动，纷纷猜测这位组长是谁，我之所以不点名是因为不想一起点出那位走神的孩子的名字。

　　"我希望，咱们每位同学都能明确自己的责任和义务，我们这个班需要我们每一位同学的积极参与，这样才能够建设成优秀的班级。"

5. 睡觉事件

昨天下午，我从办公室走出来，到教室外去巡视的时候，发现靠窗的两个孩子在睡觉。

我示意前面的一个同学叫醒他们，一个孩子醒了，另一个醒来一下后又马上趴到桌上，我只好亲自伸手在他肩上拍了一下，把他叫醒。

晚上晚自习快上课的时候，我站在教室里面说："请下午两位劳累过度的同学跟我出来一下。"

我走进办公室，两个孩子站在我面前，我问："怎么回事？"

一个孩子说是教室太热了，一个孩子说中午没有休息。两个孩子都说这是第一次，以后绝对不会了。

我说："是不是第一次我并不关心，正如我不关心你们以后是否还会这样。因为，我只对这一次就事论事，而每个人都必须为自己的所作所为负责。"

我说得很轻，旁边的老师可能都听不见。我告诉他们："我不愿意责骂你们，因为我觉得一个人最重要的，是尊严。一个人和动物的最大区别，是人能够运用理智战胜情感和肉体，而动物的行为只是纯粹的生理行为。我知道你们累了，但是那也只是你们自己的问题，自己的问题必须自己解决，而做错了，就必须为此而承担责任。"

说了一会，两个孩子都认识到自己的错误，我说："这事情还是必须有个了结，那你们说说，该怎么样惩罚你们呢？"

两个孩子都不说话。

我说："这样吧，你们说说，如果是你们初中的老师发现你们睡觉，会怎么样惩罚你们？"

一个孩子回答说："他会不管我们。"

我笑了："那我可认为他不负责任了。当然，一个老师要管几十个学生，如果他这样，实际上就是把你放弃了。"

孩子点了点头。

"那么，如果老师惩罚你们，你们会怎么做呢？"

一个孩子说："我们有自己的办法。"

"什么办法？"

"我继续睡觉，气他！"孩子很孩子气。

我又笑了："于是你以为自己赢了，而其实是你输了，而且输得很惨。"

孩子点了点头。

"知道吗，我当班主任的信条就是，我必须保护你们的尊严，因为我不希望我的学生在中学学会的是奴性和阳奉阴违，是虚伪和狡猾。所以我不愿意用那种看似很严厉的办法来对待你们，更不愿意骂你们，虽然那样见效比较快，但是那是我的底线。一个人，如果只有在监视和辱骂之下才能够学会该怎么做，其实是很悲哀的。"

孩子点了点头。

"所以，回到我们刚才的问题，我保护你们的尊严是一回事，但是这事必须有个交代。你们说，该怎么样惩罚？"

孩子不明白我的意思，没有说话。我给他们讲了去年我在盐外的时候让学生投票选择对犯错误的同学进行惩罚的事情，然后说："我觉得惩罚只是一个形式，关键的是你们自己内心是否能自省，是否能转变。如果你们不说，那就我决定了：明天夕会的时候，你们每个人写一篇检查，向班上同学做检讨，好吗？"

孩子点头。

我继续说："还有，你们两个给全班唱一首歌，怎么样？"

孩子大概没有想到唱歌居然就是惩罚，连忙点头。

我笑着说："别高兴得太早，以后再这样，没准我就叫你们伴舞了。"

孩子笑了，我让他们回教室，一个孩子站住了，看着我身后今天刚来的实习老师问我："夏老，你还教我们吗？"

我笑了："当然，这位钟老师是来实习的，你可别以为就可以逃脱我的'魔掌'了！"

6. 美国班主任与中国班主任

班上的纪律还是没有根本性的好转，我想是不是我开始时的方针出现了问题。在盐外一年后，习惯了那些可爱的孩子，于是对他们包容。但是，现在新接到的班，看样子并不像我的 3 班那样。

于是，我想起在以前的学校（公立学校）里校长对我说的话："你管理班级，如果是在美国，应该是很先进的。但是，像我们这里这种情况，你应该调整。"

以前的校长跟我关系还算不错，于是他说得很客气。其实我也知道他们所说的"在美国先进"是什么意思，无非是我对学生的理解、宽容和民主。但是，在应试的大环境下，宽容和尊重是不需要的，甚至是危险的，因为这样做很容易让别人误以为老师是在放纵学生，甚至不负责任。因为，在中国，老师和学生是上下级关系，已经成为一种心照不宣的共识了。而谁要想打破这种格局，别说领导和其他老师，就是学生都不习惯，至少不敢相信。所以，我曾经不无偏激地说："我说的话，哪怕班上只有一个同学能听懂，我想，我就没有白说。"

因为，有些东西，即使是在青春期的孩子们听来，都太老套了。

于是，突然想起这几天炒得很厉害的"超级老师"评选了。

其实，"超级女声"我就一点都没有看，尽管据说冠军李宇春原来是新都一中的学生，每当我走到学校大门的时候，都还可以看见门口宣传她的大幅广告，但是我仍然抑制不住对这无聊节目的厌恶之情。"超级女声"尘埃尚未落定，"超级老师"又新鲜出炉了，据说很多学校都推选了参赛选手，这更让我恶心了。

我一直坚信，校园应该是一个可靠的乌托邦，一个坚持的象牙塔，而不是商业炒作的素材，更不是无聊娱记们的焦点。

7.放牛班的春天

今天，早上上课的时候，办公室的网络还是好好的，下课以后就连不上了，估计是学校服务器的问题。于是，今天几乎就没有上网。

课让实习生上了，闲得无聊，看了《放牛班的春天》。

记得人们对这部片子评价很高，我也看了几个朋友关于电影的影评，只不过当时没有看电影，所以也没有太多的感觉。花了一个多小时看完之后，也许是寄予的希望太大，反而没有太多的感觉。

从《音乐之声》开始，音乐几乎就成了银幕上教育的法宝，到底是为了电影的好看还是为了好听，其实我也不好评价。不过把枯燥的教育化为歌舞升平的音乐片，至少是很有可看性的，只是，教育远非如此简单。

当艺术淡化或者干脆回避了很多不叫座的东西之后，也许，艺术就这样真正的纯粹了。虽然电影里面也描写了一个几乎没有希望的问题学生，最后还放火烧了学校，成为主人公被迫离开孩子们的直接原因，但是这个情节无疑还是被淡化了的。在一切教育电影中，几乎都有一个共同的假设——孩子是最可爱的，是最纯洁的，我并不想反对这一观点。但是，我只是想说，事实并没有如此简单。

电影的英文名是"Chorus"，很朴实，就是"合唱队"的意思，翻译成中文的时候，却不知道为什么起了这么一个古怪的名字。也许，所谓"放牛班"，大概就是孩子很差的意思吧，于是，当人的资格没有了，只能当牛了。

看完之后，我突然有一种感觉：似乎所有的教育片都要设立一个假想敌，而且这个敌人越没有人性越好，电影里的校长不幸就充当了这种角色。也许，非独教育片，这也是戏剧电影的共同特点，总得要有冲突嘛。但是，教育片假想敌的设置似乎又太老套了一些——不是古板的校长，就是只会当书呆子的教务主任，总而言之，反派人物的共同特点就是古板、僵化，跟不上时代了，再加上一个善解学生意的好老师和一帮渴望自由的学生，一切妥当。当然，最后如果老师被撵走，效果是最好的，像《音乐之声》里面的玛利亚居然最后嫁给了学生家长，就充分证明了美国人审美水平极端低下，根本不懂悲剧就是把美丽的东西毁坏了给人看的道理。

于是，"古板""僵化"就成了电影里面反面人物的标签，能歌善舞、思想激进的老师就是正义的化身了。这种非此即彼的二元论从《音乐之声》一直到《放牛班的春天》，并没有多大改变。

我不知道自己在学生和别人眼里到底是一个什么样的教师，据说也是比较新潮的那种，或者说就像电影里面演的那些正面人物一样，这让我多少有些沾沾自喜。但是，我面对的工作却不像电影里面的那样诗意，我并不认为是别人的错。恰恰相反，我以为，如果认为只要像电影里面的那些老师那样，就能成为一个好老师，那也未免太天真了。要成为一个好老师，还需要更多的经历、更深沉的思想、更渊博的知识、更智慧的头脑，至少，我现在还不是。

前一段时间，听说四川一个地方的一位老师学李镇西，结果疯了，这事李老师也说过。其实，我想，除了他自己心理的问题之外，怎么学习也是重要的一个问题。如果将教育看成戏剧，看成电影，以为当好老师只要照电影上的或者书上说的去做就万事大吉，不疯才怪！

下午夕会的时候，轮到 Y 讲解诗歌了。我走进教室的时候，看到小黑板上抄的是王维的《山居秋暝》，我也很喜欢这首诗。他走上台，掌声有些稀落，我有些不快，但是下面的事情让我更不快了。他拿了本书上来，这并不算什么，他刚讲的时候，很多孩子都带了介绍的书。但是，他完全是在照着书读，声音极小，最关键的是，我看出他自己都不知道自己读的是什么。当他正在读"颔联讲了……"的时候，我忍不住打断他的话："对不起，颔联是哪一联？"

他回头看了看抄的诗，含含糊糊地说："第三联。"

看到我没有表情的脸，他又改口说："第二联或者第三联吧。"

我不置可否，说："你继续吧。"

书上的介绍他终于磕磕巴巴地念完了，我走上讲台，说："Y 同学今天的讲解，只有两个字是他自己的，就是最后他说的'谢谢'。"

孩子们都没有说话。

我继续说："我说过，诗词讲解不仅是一个展示的机会，也是一个学习的舞台，作为一个学生，应该善于抓住一切机会学习。人的一生会有很多机会和机遇，但是，只有聪明的人才能抓住。"

"我以前说过，希望大家以后讲解的时候最好不要带着书上台，现在我再强调一下，以后讲解诗词不允许带书，如果你实在记不清，需要提示，那么请你自己把它抄一遍，至少也经过了你的手，总算有些收获。"

8. 人性的弱点

今天上午，孩子们和 9 班的抽签了。辩题是我们从网上找的，正方是"挫折有利于成才"，反方是"挫折不利于成才"，我们班抽到的是正方。

抽签的时候我正在给另外一群孩子上课，效果不是太好，有几个学生始终在睡觉，于是我停下课，专门对这种现象进行了批评。我告诉他们，每个人都有人性的弱点，但是，只有强者才能战胜自己。面对日趋激烈的社会竞争和就业压力，我们不应该像鸵鸟一样，遇到敌人就把头埋进沙子里，只露出屁股，而应该勇敢地面对现实，面对自己的人生。看上去，有些孩子很受触动。

下课之后，几个孩子围着我说要和我聊聊，一个孩子很认真地说："我觉得对人性的弱点问题我们班应该好好讨论一下。"

我说好啊，下次课我们可以安排一下。

另外一个孩子说她的父亲也是语文老师，她说，我觉得你跟我父亲很相似。我说，什么相似？她说，就是学生再调皮，都不会生气。我笑着说，生气有什么用呢？一个孩子接过话说，生气只能伤害自己。我说是啊，还有一个原因，每当学生调皮的时候，我就会想我当学生的时候是不是也调皮呢？孩子们笑着说，原来你也是过来人啊！

下午的时候，报名参加辩论赛的 Wd 等几个孩子就跑到我办公室，要我给他们查找资料。我说你们首先得分工，然后再开始写稿子。Wch 大梦初醒似的说："还要写稿子啊！"我笑着说："废话！你以为上去就开讲啊！"

　　上课铃响了，我叫孩子们进教室，我跟着走进去。这节夕会课是我安排孩子们进行诗歌鉴赏的时间。

　　前几次诗歌鉴赏，我批评了一些孩子，因为他们上来之后就只是找了一本书照着念，甚至字念错了都不知道，不知道这次如何。

　　掌声中，走上台的是来自西藏的西热加措。他把准备好的小黑板翻过来挂上，我看见，他介绍的是普希金的《假如生活欺骗了你》。

　　孩子操着不太熟练的汉语，有些费劲地讲解着，没有带书，只是带了一张纸条，上面写着他讲解的要点。他不仅让同学们集体朗读诗歌，还像老师一样抽同学起来谈谈对诗歌的看法，甚至还叫同学起来对他上次参加诗歌朗诵比赛（比赛时他朗诵的就是这首诗）的朗诵提意见。我站在门口，微笑着看着这孩子，一个多月的交流，我越来越喜欢这孩子的认真、执著与真诚。

　　西热加措讲完之后，我上台总结："前几次鉴赏，我对某些同学提出了批评，但是今天西热加措同学的介绍却让我感动，他的汉语并不熟练，但是没有依靠书本，而是把诗歌变成了自己的，并把自己的感受传达给大家，让我们再次为他的努力而鼓掌！"

　　下课之后，我把两位文娱委员叫到办公室，安排办军训照片专栏的事情。

　　周五，备课组到新都二中听课教研。

　　与 9 班的辩论赛本来也安排在今天，可是教研活动又不可能不去，于是只好请实习老师小钟帮我带着孩子们了。其实，比赛的辅导工作和组织工作很多也是小钟在做的，连比赛的评委都全部是这次来实习的年轻老师们，但是，看不到孩子们的比赛，无论如何总是一种遗憾。

　　原定比赛于下午 4 点开始，5 点多结束。到 5 点过了的时候，我给小钟打了个电话，询问比赛结果。可是地处郊外，小灵通的信号很差，根本听不清楚，挂了重新打，小灵通竟然传出：您的手机余额不足。我哭笑不得，只好借了同事的手机打过去，电话里面小钟抑制不住激动："夏老，我们班赢了！"

　　等我回到学校，已经是晚上 6 点过了，几个孩子和小钟都在办公室，我把刚买的柚子放到桌上，说慰劳大家。几个孩子打开柚子，办公室里面便飘满了柚子浓烈的清香味。

周六，是"第一线教育方桌"第一次活动，由于新都区的教研活动正好也在今天举行，因此原来计划要去的很多朋友都来不了了。我与初雪、小钟一起，赶车到李玉龙的办公室，虽然人少了些，但是，第一次活动，总算开始了。

9. 实习老师

开学没有多久，一天，我正在办公桌上积极务虚，旁边来了一个人，抬头一看，是个女孩子，拿着一张什么纸，无比谦虚地问："请问您是夏老师吗?"

我实事求是地做了回答，她把那张纸拿给我看："我是刚来的实习生，教务要我跟您实习。"

我接过来一看，果然，上面盖着教务的鲜红大印，内容无非是某某同学跟某某老师实习，请予以协助之类。当然，除了那个某某，其他的都是打印的，突出了信息技术对现代人生活无比巨大的影响。我尽量伪装出老教师的样子，很庄严地点了一下头，于是问她是哪个学校的，结果得知竟然是我的校友，当然也就算是师妹了。于是，这个我后来总称之为小钟的实习生师妹就开始跟着我实习了。

实习生开始当然是听老教师讲课，第一节课下来之后，我很谦虚地向她征求意见，谁知道人家很不客气地说："好像学生互动少了一些。"

我心里一惊，原来现在大学居然也要讲互动什么的了，于是居然也不敢把她当成实习生看了，并且在心里暗自下了决心，实习生可不是像铁皮鼓、干干之流那么好哄的，下节课一定要让学生互动一下。

第二节课下了之后，我几乎是有些忐忑地向实习生征求意见，终于，这次她没有说我互动不够了，甚至对这节课的互动作出了很高的评价，我终于松了一口气，终于过关了! 可是转念又一想：到底是她实习还是我实习啊?

几节课听下来之后，该她上课了，小钟很谦虚地问我应该上哪些课文，我说，你想上什么就上什么吧! 小钟有些诧异。我说，反正我上课也是不着边际的，想上哪里上哪里，所以你干脆在教材里面找一些你喜欢的文章上，不过，最好能在几个单元中挑选一下，尽量多上一些不同类型的文章，对自己把握课文有帮助。

第一节课上下来，感觉不是太好，不过想来应该比我实习的时候第一节课上得好多了。我告诉她我实习的时候，第一节课，黑板上只写了5个字，其中有3个就是错别字。

实习没有几天，在一天晚自习的时候，就让小钟见识了我的金刚怒目，原因就是我收缴了Z的MP3，这小子跟我大吵大闹，差点没法收拾。后来小钟对我说，当时她很害怕，生怕那孩子会出什么事。我胸有成竹地说绝对不会，我就是要让他难受，知道自己的问题所在。后来我才知道，第二天，小钟自己找到孩子，跟他谈了一个中午，内容我没有具体打听。但是，有一个无可辩驳的事实就是：这孩子开始变了（这话听上去怎么也像那些伪案例的习惯用语呢）。

课没上几节，就遇上了我们的军训，我不禁有些内疚：人家本来是想来多上几节课的，可是这下一个星期的时间就泡汤了。于是我反复解释中小学生军训是教育部的规定，与我无关，并诚挚地表达了我的无限同情和遗憾。

军训结束之后，生活又继续，小钟又回到了孩子们中间，继续上课。有一天，我在班上说什么事情，班长说，这事我跟弘姐说一下。我说什么弘姐？她说就是实习的钟老师啊！

有实习生的日子是比较幸福的，至少有些事情她给做了，诸如批作文之类。作为老教师，我还是在实习生工作的时候跟她开诚布公地就双方关心和不关心的国际国内大事交换了意见，她对我说现在大学生就业的艰难、竞争的激烈，我给她隆重了介绍李镇西、干干、铁皮鼓、毓君、东方雪等名流和无名之流，并极力向她灌输我的满堂灌理论，不放弃一切机会给年轻人洗脑。直到她说已经到了无比仰慕铁皮鼓的时候，我才发觉事态严重，及时打住了介绍的势头。

一个多月的时间过得很快，小钟说，后天他们就要走了。我叫班委用班费给小钟老师买一件礼物，实际上，在此之前，已经有很多孩子自己给小钟老师买了礼物送她了。

今天下午的行知课，我吩咐班长Wd待会儿代表全班同学把礼物送给小钟老师。

诗词鉴赏结束之后，我走上讲台："同学们都知道，我们的实习老师钟老师就要回到学校了，在这一个月的实习中，她和我们全班同学结下了深厚的友谊，以至于我们很多同学都叫她'弘姐'。"

孩子们笑了。

"因此，我们全班送她一件礼物。"

孩子们热烈鼓掌，Wd 走上来，把礼物双手捧给小钟，小钟正要说话，冷不防 Wd 伸开双臂，给她来了一个热烈的拥抱。孩子们掌声再次响起，坐在后面的 Wch 大声说"别忙"，便急急忙忙地跑上讲台，把他自己买的一件包装精美的礼物送给小钟。下面的孩子一起起哄："拥抱一个！"

Wch 想下来，旁边的孩子不让他下来，于是他匆匆忙忙地举手做了一个类似敬军礼的动作，在大家的哄笑声中跑了回去。

小钟走上讲台，才说了几句话，坐在第一排的西藏学生西热加措站了起来，出乎大家的意料，他把一条洁白的哈达挂在了小钟的脖子上！

下课了，小钟双手抱着礼物和我一起回到办公室，我笑着说，我都有些嫉妒了。

后来，我说："当老师，最幸福的，也许就在于此。"

10. 课文是拿来砍的

离半期考试还有一周多的时候，我的课文讲完了。余下的时间正好用来督促孩子们背诵、做练习，为应试教育添砖加瓦。同事说我的进度太快，其实我也不知道怎么讲的，也许跟范美忠一样，觉得有些课文没有讲的必要，于是有些课文就被我毫不留情地砍掉了。我看了一下，高一上册我已经上过的单元惨遭我屠刀的课文有：

《错误》、《致橡树》、《致大海》、《篱笆那边》、《我愿意是急流》、《雨巷》、《预言》、《窗》、《孤独的收割人》、《豹——在巴黎动物园》、《花未眠》。

第一册还剩下两个散文单元，我计划重点讲《我有一个梦想》和《我的呼吁》，以及《〈宽容〉序言》和《〈名人传〉序言》，那个《北大讲话》是不想上的，《〈呐喊〉自序》略讲算了，《胡同文化》就课内自读吧！

于是我有一种当秦始皇的感觉，看着不爽的——删之！只是暂时还没有那个道行把它们烧了而已。

敢这样做，也许还是要感谢"课文无非是例子"的说法，当然还有更合胃口的——课文无非是引子。想到刚工作的时候，兢兢业业地上《为了六十一个阶级弟兄》的场景，恍如隔世。

近来看王晓春老师的著作，本答应要写书评的，但是一直迟迟没有动手，感觉很多，但是却无从下笔。与王老师结缘是在去年他点评我的案例的时候，后来陆陆续续看了他的很多点评，受益匪浅。在道德评论压倒一切的教育界，王老师的观点无疑是超前的，更是踏实的。于是我安慰自己：好事不在忙上，要写就认认真真地写好。

11. 书法书法

从到盐外的时候，我就告诉学校领导、老师："我的字很臭的，跟我的智商极不成比例。"

用这话给初见的朋友打预防针，我以为是万无一失的，比如李镇西老师就很善解人意地给我找理由："有些人是不适合练字的，跟手的结构有关系。"

但是，我的书法艺术还是让很多人感到震惊。

记得李老师、铁皮鼓、桃夭等第一次听我的课，下课之后，李老师开玩笑说："摩西写字，身体姿势极佳，有'君子引而不发'之风，于是世人以为下笔必能惊天动地，谁知……"

于是大家一阵坏笑。

好在我自己从不自卑，因为我坚信，人总是要有些缺点的，至少从维护生态平衡上说应该这样。

可是教学生就不行了。所以，我一直为不能让学生写得一手好字而惭愧。

年级组安排了一位退休语文老师给各班上几节书法课。我听到这消息的时候几乎是喜出望外，当我告诉孩子们的时候，孩子们比我还激动，于是我忙不迭安排学生去买小字本，以供学习之用。

老师姓杨，很精神的一位老人。人家说练书法能使人长葆青春，看来此话不假。孩子们都听得很认真，不停地记笔记，还在纸上练习。

老师走了之后，我告诉孩子们："希望大家以后都能坚持练习，而且，我也和大家一起练习！"

12. 选举

上星期，选举学校优秀干部。

照例，我还是把这事交给两位班长处理，选举结束之后，两个孩子怨愤不已地来找我："夏老，你看，他们在干什么嘛！"

我问："怎么了？"

"班上64个同学，只有33张选票，而且很多是乱填的！"

我拿过他们给我的选举结果一看，很多人根本不是学生干部，但是名字却赫然名列其中，而且有几个名字是班上表现最差的几个学生的，也不是学

生干部。我看了之后有些发火，因为这个名单马上就要交了，于是我说："这种选举肯定是无效的，但是时间也紧了。这样，如果我们同学不能珍惜自己的民主权利，我就只有采用专制了，我指定：这个名额就给 Wd 了！"

我把表格递给 Wd，叫她填好，我签字之后交上去。

今天晚自习，两位班长又找到我："这个选举结果要今晚完成。"

我拿过一看，是新都区关于评选"新三好"的通知，我说："这事我差点忘了！这样，最后一节自习课的时候我们还是选举吧！"

两个孩子有些为难："要不还是你去镇下场子吧，不然又搞成上次那样就不好了。"

我说："我是应该去说一下。"

第三节课，我走进教室，对孩子们说："前几天我们搞了一次选举，但是那次选举的情况我很不满意！"

我把我的理由说了一遍，继续说：

"一个民主社会，首先需要的是社会成员有民主意识，而民主意识很重要的一个方面就是尊重自己的权利，特别是选举权。"

"有人说，中国到现在还不能完全实行民主，因为中国人素质太低，这话我不能完全同意，但是我也没法反对。上次咱们的选举就是一个例子，很多同学把神圣的事情当儿戏，把自己的权利当玩物，这样难道不是素质低吗？"

"这几天看书，看到苏三的《偏执批判》里面的一句：'有什么样的国民就有什么样的体制。'这话看着很刺眼，但是你又不能不承认她说得有道理。如果我们都把自己的民主权利当儿戏，那么民主进程难道还会有希望吗？"

"所以，今天的选举，我希望我们同学能认真对待。我曾经说过，我希望我们培养出来的是公民，而成为公民的一个重要条件，就是明白自己的权利，而选举权，就是其中最重要的权利之一。我希望大家能够慎重对待自己手中的纸和笔。中国人有句话：'抬头三尺有神明。'就是要大家能够对得起自己的良心，其实，这也就是在尊重自己。"

之后我讲了选举的一些具体细节，然后我照例回办公室回避了。

10 多分钟之后，班长告诉我选举结束，我问他结果，他说好像是 L，我说按照正常要求宣布。班长回到教室，我隐约听见他的宣布结果，最后一句是："如果大家对选举有什么异议的话，这些原始选票我们将保留到明天下午，欢迎大家检查！"

我走进教室，这时候发现票数最多的其实是 Wd，看来刚才班长对我说的是不对的，也就是说：Wd 当选了，L 和她只有一票之差。

下楼的时候，我看见有一条手机短信："夏老，能不能再给 L 一个机会，让他明天和 Wd 单独选举？我是 Y。"我思考了一下，回复她说："结果已定，再更改恐怕不合适。"

我想，明天在班会课上，还应该再说一下这个问题。这次选举，据统计，班上 64 位同学，两位同学请假，两位弃权，有效选票是 60 张，应该说是符合法定程序的。孩子们开始重视选举，无论如何都是巨大的进步，但是，重视选举，更要尊重结果。

13. 选举·生日

昨天，晚上从学校到家里，手机短信几乎就没有停过，是一个号码发过来的，但是很显然是几个孩子的意思，她们对选举情况表示了怀疑，并且说这不符合"民意"，建议重新选举或者把两个同学合在一起单独选举。对这种建议，我明确表示了反对：如果选举程序或者候选人资格存在问题，那么我可以宣布选举无效，但是如果选举程序是正当的，那么我们不能以任何人，即使是大多数人的意愿为转移，擅自修改选举结果，这不仅是对选举权利的践踏，也是对自己权利的践踏。短信"战争"一直持续到夜里 12 点多，最后我一个短信结束"争论"："晚了，睡了，明天面谈。"

上午上课的时候，我把几个孩子叫出来，她们看上去很不好意思甚至有些害怕，我请她们坐下，说："首先，我要感谢你们！能够对选举结果提出自己的意见，并且'穷追不舍'，这本身就是你们维权意识增强的表现，更是你们关心班集体荣誉的表现。在此，我郑重感谢你们！"

几个孩子也许是不好意思，也许是意外，笑了。

"但是，"我接着说，"我不赞成你们昨天的一些观点，比如觉得结果不符合民意就要重新选举，这就破坏了选举的神圣意义。如果说你们想推翻选举结果，只能通过一个途径——质疑选举的合法有效性，比如选举过程中是否有无意甚至有意的误差，当选人是否有参选资格等等。"

一个孩子说："Wd 上课被老师点名了的，而且她自己也说过自己进过网吧。"

几个孩子也在附和。

我说："如果此事属实，那么她就不具备参选资格，这样一来，当选的

就应该是得票第二的同学。"

几个孩子有些吃惊："这样她肯定会不高兴的！"

我说："在规则面前人人平等！关于这件事，我会找她了解情况。而我还要说的是，你们解决问题的办法很好，维权是很重要的，但是在一定程度上，学会合法维权更加重要。"

上午升旗仪式之后，我叫来 Wd，把一些同学对她的质疑转告了她。她解释说，那次被点名是因为同学叫她递水杯，第一次她拒绝了，第二次实在不好拒绝，结果一转身就被老师看见了，点了名；至于进网吧，是初三的时候老师叫她到网吧去找同学，而不是自己去玩。

我说："第一，你当选有同学提出异议，这恐怕说明平时你有些事情还做得不是太好，这对你也是一个教训。我们都是生活在社会当中的，应该学会与人相处，你是班长，这一点就更为重要。第二，问题已经出了，几位同学是通过正常渠道向我反映情况的，那么现在你觉得该怎么解决呢？"

Wd 想了一下，说："我有一个主意，不知道行不行？"

我说："尽管说吧。"

"我想当着全班同学的面把这事解释一下，也算是对我的工作的一个解释和交代。"

我笑了："我觉得不错，很多事情摊开到桌面上，其实就很简单，坦诚能够赢得别人的尊重。"

上午的时候，昨晚在铭章亭遇见的几个孩子就不断地提醒我："夏老，记住下午带吉他哦！"

我笑着回答："好，我一定不忘记！"

这其实也是昨晚我委托他们提醒我的。

中午的时候，考虑到我一个人又背着电脑又背着吉他确实有些打眼，所以早早到了学校，有一搭没一搭跟干干吵架。

第一节课下了，Wd 走到办公室："夏老，夕会课能不能给我 5 分钟？"

我有些迟疑："今天的事情可能有些多……值周班委总结、评价，还有 Lyi 的生日……这样吧，你马上通知值周班委，今天不做总结了，我先给 Lyj 唱歌，完了之后你来，我也觉得今天解决这事是最好的。"我又找到那几个孩子，把 Wd 的想法告诉了她们，并且说她们也可以提出她们的质疑。

上课铃响了，我拿着吉他走进教室："昨晚我受贿了……吃了一口一位同学的生日蛋糕。"

孩子们都笑了。

"昨天他们要我唱歌，我说一来我没有吉他唱歌没有感觉，二来过生日是幸福的事情，多一个人分享幸福，幸福就会多一分，为什么不让全班同学分享 Lyj 的快乐呢？所以，今天，利用夕会课的时间，特地给 Lyj 同学唱一首歌。昨天我问他多大了，他说 17 岁，我想起我 15 岁的时候，流行一首歌，程琳的《那一年我十七岁》，当时特别喜欢，但是总觉得有些遗憾——我什么时候才能到 17 岁啊！后来，我又一次想起这首歌的时候，我离 17 岁已经很远了，岁月易逝啊！今天，我就给 Lyj 同学唱一首歌，关于生日的。"

"这把吉他本来是为了我们班的节目而特地去买的，谁知道他们把咱们的节目'枪毙'了！"

孩子们大笑："枪毙就枪毙吧！咱们自己玩！"

吉他和弦响起，我轻轻地唱：

你的生日让我想起

一个很久以前的朋友

那是一个寒冷的冬天

他流浪在街头

我以为他要乞求什么

他却总是摇摇头

他说今天是他的生日

却没人祝他生日快乐

生日快乐

祝你生日快乐

握着我的手跟我一起唱

这首生日快乐歌

生日快乐

祝你生日快乐

有生的日子天天快乐

别在意生日怎么过

没有乐队，中间那段华彩我照例用口哨吹出来。

这个朋友早已不知下落

眼前的我有一点失落

这世界有些人一无所有

有些人却得到太多

所以我最亲爱的朋友

请你珍惜你的拥有

虽然是一首生日才唱的歌

愿永远陪在你的左右

我示意孩子们一起唱，教室里响起了深情的歌声：

生日快乐

祝你生日快乐

握着我的手跟我一起唱

这首生日快乐歌

生日快乐

祝你生日快乐

有生的日子天天快乐

别在意生日怎么过

和弦散尽，教室里响起掌声。我笑着把吉他放下，然后说："生日晚会结束了，现在说第二件事情。从开学到现在，我们进行了三次选举：第一次选举班委，那时候大家还不是很熟悉；第二次选举学生会优秀干部，从选举情况看，不是很理想；昨天选举'新三好'，应该说，大家的表现很好，而最好的是，昨天晚上选举结束之后，还有同学对选举结果提出异议。"

一些不知道内情的孩子脸上显现出惊讶。

"也许有些同学会觉得奇怪，为什么有人提出异议还是好的。我觉得，这恰恰说明了我们的同学在自觉起来维护自己的权利，神圣的权利！我说过，我们的教育是培养自觉的公民的。这件事我与几位同学以及当选人 Wd 同学都进行了沟通。Wd 同学说，想借夕会课时间把这事向班上所有同学做一个说明，下面欢迎 Wd！"

掌声中，Wd 走上讲台，手里拿着一包东西："我首先说一下，这里是昨晚的选票，我算了一下，我的得票和昨晚是一样的，我算的时候 S 和我在一起，她可以作证。如果还有哪位同学有问题，我们可以再算一次。"

之后，她对同学们解释了"点名事件"和"网吧事件"，然后说："有同学说我自私，其实我也是两面的，在开学的时候我们班有同学丢了东西，从那以后，我每天都是最后一个离开教室，自己把门窗都关好了才离开。我知道我也有很多缺点，我也愿意接受大家的批评和指正……"

Wd 走下讲台，我走上去说："这次事件，我特别感谢几位提出异议的同学，她们采取了正当的方式来提出自己的质疑，这使我想到了我们才学过的马丁·路德·金。我相信，在我们以后的日子当中，只要我们坚持自己的权利，并坚持采用正确的方式去争取，中国就会有更大的希望！今天的夕会课就到这里，大家准备上课！"

14．想起那个情人节

天天上网，随着那个日子渐渐临近，一种节日的气氛也逐渐浓厚了起来，虽然与我已经无关，但是今天早上上网的时候，这个日子还是不可避免地来了——2 月 14 日，情人节。

在记忆中，情人节的时候，我们一般已经上课了，至少是在假期补课。那个情人节也不例外，如果没有记错的话，应该是 2002 年的情人节，似乎那个情人节正好是周六。那天，我没有课，于是也没有到学校，直到周一去的时候，才知道"出事"了。

刚走到办公室，几个老师就很暧昧地说："夏老师，你们班的孩子可真厉害啊！"

我以为他们是在夸孩子们考试不错，于是马上装出一副十分谦虚的样子："哪里哪里，运气运气……"

弄得别的老师一脸雾水，而我还趾高气扬地继续前进。

走进办公室，几个女老师桌上都是显眼鲜艳的玫瑰。我们学校双职工比较多，我想，那肯定是那些老公们送的，于是为自己没给老婆送玫瑰而在心里打起了鼓。

刚刚落座，隔壁的杨老师过来了，他爱人是我们办公室的化学老师，一进来，大嗓门的杨总（我们给他的戏称）就嚷嚷开了："老夏，你们班的学生厉害哦！卖给我高价玫瑰！"

我惊奇地说："什么？卖给你？"

杨总说："岂止是我，我们几个男老师都被摊派了！"

我更惊奇了："谁这么厉害？"

"你们班的 Lyzh 啊！"

我更惊奇了："这孩子平时看上去好像还很羞涩，居然给你们推销玫瑰？"

"还有巧克力!"

刚走进门的刘老师接过话头:"一枝玫瑰,一盒巧克力,收了我50块钱,还说是情人节特价!"

我听了之后哭笑不得:"真的假的?"

一会儿之后,其他几个"受害者"也来了,我终于搞清楚了情况:几个孩子瞄准了学校的双职工中间的男士,故意拿着一大捧玫瑰招摇过市,先让女老师们看了个够,然后由"老实巴交"的Lyzh出马,拿着玫瑰和巧克力向男老师们推销。男士们早已被他们开始的玫瑰攻势吓破了胆,这时候还不买就得担心被老婆的目光射穿脊梁,于是不管多贵都乖乖掏钱买下。据说,几个孩子还满学校找我,说要把最美丽的玫瑰推销给班主任。我听了之后,吓出了一身冷汗:幸好那天我没有课啊!

下来之后,我问Lyzh:"你们怎么想起这个办法的?"

孩子有些得意:"本来我们还拿到街上卖的,可是没有卖完,所以只好推销给老师了。"

听了之后差点没把我笑死:"原来你们推销给他们的是滞销产品啊?卖了多少钱?"

"不多,一千多吧,如果抓住了你,可能就上两千了。"

我又好气又好笑:"晕死!班主任就是用来敲诈的啊?"

15. 可爱的班委们

今天下午第一节课后是夕会课,照例也是我们的班会课。第一节刚下课,班长Wch和上周值周班委Wwd还有Yxl一起走到我办公桌前:"夏老,我们想跟你商量一件事。"

我抬起头:"说。"

几个孩子稍微推让了一下,还是Wwd说:"我们请求你给班委更大的权力。"

"什么权力?"

"比如上课有人说话,班委可以直接叫他们站到教室后面去!"

我抬起头看着他们:"刚才纪律又不好了?"

"是啊!所以我们觉得应该有一个有性格、有血性的班委来管理!"

我沉思了一下:"应该说,有这样的班委是我的幸运,我可以给你们权力,但是你们能用好这个权力吗?"

孩子们没有明白我的意思："能用好。"

我说："纪律问题当然是原则问题，但是我给你们权力时我必须考虑到两个方面的问题：第一，使用这个权力不会对你们造成伤害；第二，使用权力不会对那些违反纪律的同学造成伤害。"

Wch 比较老到，开始了沉思。

我继续说："你们的责任心让我很高兴，但是如果使用这个权力伤害了你们，这将是我最不愿意见到的。如果使用权力对违反纪律的同学造成过重的不必要的伤害，我认为也是不可取的。当然，这并不是说他们违反纪律就是对的。"

孩子们似乎明白了我的意思，开始点头。我继续说："而且，还有一个问题，如果我给你们权力，你们可以随时叫违反纪律的同学站在教室后面，你们觉得是否能保证不会引起教室的混乱和冲突？即便不会，我觉得，要当坏人，还是我来当比较合适。学生恨班主任是正常的事情，但是如果恨你们，那么对你们、对他们都不是好事。你们唱红脸，我来唱白脸吧！"

孩子们走了之后，我也开始思索：这段时间，看来纪律又有所滑坡了。上期经常说话的几个孩子经过教育之后都有所改观，但是又有另外的几个孩子开始违反课堂纪律。我在想，是否我真的管理太宽松，或者为那些违反纪律的孩子考虑得太多？

夕会课的时候，值周班委总结了情况，我也总结了这段时间纪律的问题。对于几个经常被点名的孩子，我说再有一次就搬到教室最后去坐，并且要给几个经常一起说话的孩子调换座位。

边走边喊

——我们需要什么样的教育

我们的教育究竟是怎样的

听我父亲讲，我爷爷生前曾经对他说："希望我的后代里能有一个人当先生（老师），因为你看家家堂屋里都供奉着'天地君亲师'的牌位，当先生多受人尊重啊！"我的父辈没有人当先生的，到我这一辈，终于有了我一个先生。不过，"先生"这个词已经被扫进历史的"垃圾堆"了，现在我们的名字叫：老师。

从"先生"到"老师"，看上去改变的似乎只是一个称呼，但是，我却感觉，这折射出了中国近半个世纪以来教师身份的变化，或者说，教育地位的变化。

1. 专家们的教育理论

用英国人罗伯特·富里迪的话说，"专家"这个词的出现本身就意味着一种媚俗。他在《知识分子都到哪里去了》一书中谈到："新式知识分子通过他们的机构获得权威，而并不要求意志自由。当然并非每个学者都默认学术生活的制度化，接受思想管家这一顺从主义身份。许多机构里的知识分子渴望在机构的压力下获得一定程度的意志自由。多数学者倾向于成为聪颖的专业人士和精明的专家，他们遗憾于没有得到文化上的支持以扮演公共知识分子。他们属于他们的机构，并与公众的世界保持距离。"

余英时先生在其著作《士与中国文化》中谈到："根据西方学术界的一般理解，所谓'知识分子'，除了献身专业工作之外，同时还必须深切地关怀着国家、社会，以至世界上一切有关公共利害之事，而且这种关怀又必须是超越个人（包括个人所属的小团体）的私利之上的。所以有人指出，'知

141

识分子'事实上具有一种宗教承当的精神。"

但是，不得不说，在当今商品大潮的冲击和利益的驱动下，很多所谓专家并不具备这种宗教承当的精神。我们看到的，倒是一些专家凭借自己的话语权，不顾一切地推销自己的理论，或者打压其他的理论。

在中国，上世纪末，一些专家提出了"教育产业化"的理论，10年之后，这个理论被证明是彻底失败的。一些专家又提出爱心教育的理论，但是却让一些老师在实际操作过程中无所适从。近年来，教育的互动被提到一个从未有过的高度，几乎成了对教师教学水平进行衡量的唯一标准。众专家你方唱罢我登场，而一线教师却如在山阴道上，应接不暇。

从严格意义上讲，建立在教育经济主义思潮上的教育产业化思想也有其合理之处，至少对尚处于低水平的中国教育来说，在一定程度上对增加投资、扩大办学规模还是起到了作用。但是，这种思潮的缺陷也是明显的：（教育经济主义思潮）彻底地改变了20世纪以前古典主义教育主要关注人的精神、道德和社会秩序的发展与稳定的传统取向。换而言之，这种思潮是以牺牲教育对精神的诉求为代价的。"爱心教育"的提法由来已久，贾斯珀斯（Karl Jaspers）认为：教育的目的在于让人清楚自己的"意志"，进入完整的"精神"之内，培养人的"爱心"；教育方式是"自我教育"，各人做"自我选择"的个性化工作。"互动教育"实际上也是个性教育思潮的一个分支。单纯说来，每一种教育思潮都有其内在的合理性，另一方面，也存在其学术上的致命伤。除了以上所说的几种教育思潮之外，从上世纪到今天，比较著名的教育思潮还有教育的科技主义思潮、以马库赛和哈伯马斯为代表的意识形态决定论派提出的教育个性化思潮、联合国教科文组织主张的终身学习思潮、弗莱雷的被压迫教育者思潮等等。

但是，国人对专家的盲目崇拜和一些专家的学术霸权却将我们的教育思想引导到非此即彼的简单思维上去，专家暗示教育者：按照我的要求去做，跟着我的思想思考，你就能取得成功。这种广告式的轻率承诺无视教育的复杂性，更无视学术的客观性。而众多一线老师在信息极度不对称的情况下纷纷被感召到某位专家的旗下，放弃自己的思索和选择，成为专家们的忠实信徒。

2. 我们的家庭教育

作为家长，最喜欢听到的莫过于自己的孩子受到表扬了。作为家长，最

容易做到的莫过于爱自己的孩子了。但是，西哲有云："爱自己的孩子，母鸡都会。"而任何一个清醒的人也都清楚：没有人的一生是只会受到表扬而不会遭到挫折的。

在现在，有一个词已经离我们越来越远了，而这个词的离去不仅意味着中国学生家庭教育的能力和水平正在直线下降，同时更意味着学校教育正在越来越多地被迫承担起本该由家庭教育承担的任务。在这种情况下，学校教育不仅受到家庭教育的牵制，还必须降低水准，向低水平的家庭教育看齐，在这种情况下，教育向家长媚俗就产生了。而这个正在远去的词，就是"溺爱"。几乎所有的家长都在溺爱着孩子，但有几个家长意识到自己的溺爱行为呢？于是就再也没有"溺爱"之说了。

始于上世纪70年代的计划生育政策极其有效地控制了中国过快的人口增长，为世界人口的控制也作出了不可磨灭的贡献。但是，当在校的学生都变成独生子女的时候，其存在的隐患也越来越明显地表现出来了。从孩子一出生，父母就毫无选择地向孩子倾注了所有的爱，中国父母对孩子的爱已经达到了匪夷所思的地步。据报载，某地一女孩从小热爱刘德华，于是千方百计筹款要到香港去见自己的偶像。但是家庭财力实在无法支撑，于是其父做出了一个让人感动又让人悲哀的决定：要卖肾为自己的爱女筹款见偶像！不知道这位女儿第一次听到这个消息的时候心里是怎么想的。但是让人惊异的是，消息见报之后，居然还有一群"热心"的媒体"呼吁"社会为这位女孩筹款，实现她的梦想！难道一个女孩的梦想就如此重要，需要用自己生身父亲的器官来换取？或者说可以用社会良知和正义道德作为代价？在这件事后面，我看到的是家长对孩子的无条件的满足和纵容，无原则的后退和让步！（注：此后不久，我就从媒体上看到，女孩在网友的资助下来到了香港见到了刘德华。可是，由于她嫌偶像对自己不够热情，对此行大为失望，父女发生了争执，后其父跳海自杀，将这场闹剧推到了高潮）

中国的家长在一定程度上已经丧失了自己相当一部分的教育阵地，放弃了自己相当一部分的教育责任。根据短板效应，学校教育不管水平再高，也必须受到木桶最短的那块板子的制约，于是，教育必须媚家长之俗。

教师在家长心目中的地位下降只是一个表象，当然我们也可以说校长到学生家里家访而被家长杀害，教师批评了没有做作业的孩子而被家长打死只是特例，但是这些现象所折射的，其实是中国教师地位正在以加速度飞速下滑这个不争的事实。而教师的地位下滑，背后隐藏的就是教育的崇高性及其传承文化、引人向善的神圣使命正在被社会嘲弄！

3. 我们的孩子

以马库赛和哈伯马斯为代表的意识形态决定论派，偏重于从消费性意识形态的角度批判现存资本主义社会及其教育制度的"非人性"和瓦解革命的斗志性。他们认为，个人都变成了纯商品消费者，而非具有革命意识的批判者和富有思想的新生活方式的创造者，这种人以为自己是自由的，实则成了商品的奴隶。在这种情况下，他们提出了教育个性化的思想。

教育个性化思潮曾经在世界各国盛极一时。值得玩味的却是，日本对教育个性化思潮十分感兴趣，甚至在国家教育部门颁发的多个文件中明确指出要支持教育个性化。但是，美国教育管理部门对教育个性化却持谨慎态度，并在多个文件中指出，美国的学生此时更需要的是一种合作精神、团队精神和集体荣誉感。换而言之，美国学生更需要的不是个性，而是共性。

不知道中国的学生在个性和共性上哪一点更加缺乏，但是教育的个性理论在中国却是大行其道的。同时，中国并不健全的媒体在这一点上也进行了大量的负面宣传。于是，学生争以"个性"为标杆，以"不走寻常路"相标榜。

而在教育上，我们也在不自觉地向学生的"个性"靠拢。

上世纪兴起的文化相对主义学说促进了那种鼓励以庸人态度对待知识的教学理论的繁荣。如今，后现代主义对教育理论的影响已经非常广泛。它对普适标准的怀疑，通过批评以普遍标准为基础的评估体系，在学校里被再次接受。一些后现代教育家提出，知识本身——理性和客观性——仅仅是男性的偏见。这些有影响的批评家呼吁承认"私人知识"（personal knowledge），以取代"教育知识"（educational knowledge）。他们提出，每个人都拥有私人知识，这些知识是有效的，而且没有办法对它们加以划分。

就如这一潮流的一个批评家提出的："重新将知识定义为儿童的主观经历，包含着重心从教育者转向学习者的转变。"对儿童的特殊经历的颂扬在学校教科书中得到系统的贯彻，联系现实是教科书的主导风气。看起来儿童不必面对对他们的经验来说陌生的形象和观念。在像历史和文学这样的科目中，传统故事被建设性地"当代化"，以便帮助孩子理解它们。

但是，私人知识确切地指什么？它是儿童通过他们的个人经验所学到的东西。这类私人知识提供给儿童关于世界的有价值的洞见，但是不能提供那种使他们能怀疑、用概念思维、提出问题和解决问题以及提高智力的教育。将"私人知识"等同于"教育知识"，未能对儿童的任意经历与发展他们潜能的系统努力做出区分。

由此可见，"私人知识"概念的提出，其实否定了知识自身存在的难度和它对学生的陌生性。当学生发现自己5岁时候的一段经历的地位不比解答难题低甚至还高于它的时候，其背后掩藏的谜底就不仅仅是知识贬值的问题了。

在片面爱心主义思潮的影响下，教师被迫无原则地承认每个学生是优秀的，而不论这种优秀是否与其成长有密切联系。在"创新教育"大旗的感召下，一些人试图通过教育和文化活动向潜在的顾客保证"我们都具有创造性"和"我们都与众不同"，似乎创造性是我们与生俱来的特性。无疑，赞扬和鼓励之词有助于激发人们从事新的探索，但当赞扬和鼓励被制度化，人们被这些陈词滥调填塞的时候，便不再投身于考验之中。承认每个人都能追求个人的创造性，与宣称我们都具有创造性，两者之间存在着本质的区别。不加区分地贴上"创造性"的标签忽视了这样一个事实，即成功包含着艰苦的工作、痛苦的遭遇以及个人的进步。创造性并不是个人的特性，而是受到激励、艰苦努力的结果。

而在这种媚俗中已经越来越飘飘然的中国学生，心理承受能力和抗挫折能力已经弱化到了可笑和可怕的地步。近年来，中小学甚至大学频出的学生自杀事件，实际上就是这种对学生媚俗的教育原则直接接出的恶果！

当教育放弃了自己的原则和阵地，成为专家的信徒、家长的替身、学生的弄臣的时候，教育丧失的，已经不仅是斯文了。于是，我不禁思考：

所有的问题，最后归结到一个焦点上——我们的教育究竟是怎样的？

爱心教育是否只是一个迷人的谎言？是否只是用来蛊惑充满期望的家长、学生和刚走上工作岗位、迫切想寻找教育捷径的年轻教师？

民主教育是否只是新的"教育均田主义"？让每个人都有"我的意见受到重视"的感觉其实根本不可能，因为这种民主神话最后的结局必然是破灭，和西方民主选举投票效率越来越低一样。

"成功教育"是否只是一个教育的商业广告？提出这一思想的人，在明知学生踏上社会后将会遭受更大挫折的同时，又为在校的学生虚构一个没有失败、没有痛苦、没有挫折感的乌托邦。

"互动教学"是否只是一场华而不实的综艺表演？这种教育用每个人参

与的数量优势来代替本应该创造的质量高度，以表面的热闹掩盖了实质的苍白和智力水平的低下，是否是扼杀了真正的精英？

"学生主体"是否只是教师推卸引导责任的一个托词？"主体"这个词的宽泛性和不确定性使这个名词既具有诱惑性，也让我看到了其不可回避的悖论。

我们的教育，到底是在致力于提高学生，乃至于全体国民素质，还是在屈尊降贵，放弃立场，极尽媚俗之能事？

而我们正在做的事情，也许就是将教育媚俗进行到底。

吾 亦与点也

很偶然的一个机会，讲到了曾点。

今天上《六国论》，因为要讲一下古文中"与"的含意，要引用《论语》中《四子侍坐》中的"吾与点也"，于是我问："大家学过《四子侍坐》吗？"

孩子们回答高一学过。

"大家是否还记得，当孔子问自己的弟子们他们的志向的时候，几个弟子都说自己想当中等或者小国家的官员，只有一个人例外——曾点？曾点的志向是什么？"

学生想不起来了，我笑着补充："曾点希望能在春天和几个朋友带几个孩子去河里洗澡，在台子上吹风。而孔子对曾点的志向的评价是什么？"

有孩子终于想起来了："吾与点也！"

讲到这里，我突然有一种想法，反正学生对我在课堂上信口开河已经习惯了，于是不妨继续说下去："以前的老师有没有告诉你们为什么孔子在这里不是支持志向远大的子路之类，而是支持看似没有出息的曾点呢？"

Marry 回答说："因为孔子希望天下大同、世界太平，这样就可以去洗澡吹风了，所以他赞同曾点的志向。"

我问："是你们以前的老师讲的吗？"

Marry 回答："是。"

我说："我的想法却不是这样。我觉得孔子在这里是教他的学生怎么去做一个真正的人。"

孩子们也许从来没听过这样的谬论，脸上显出惊讶的神色。

我说："这只是我个人的观点。也曾经有学者说，孔子赞赏曾点是因为

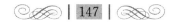

自己的观点不能得到实行，于是故意发激愤之词，但我却不这样认为。为什么去享受自然、享受生活就是胸无大志？为什么不想去当什么官、赚多少钱就是鼠目寸光？难道人生活在世界上就是为了用地位去垒起自己的高度，用财富去证明自己的价值？我一直以为，教育塑造的人不应该是为了功名利禄而丧失自我的人，不是为了地位金钱就出卖自己的人，而是能够创造生活、体会生活、享受生活的自然的人。"

孩子们听得很认真，我心里有些感动。

"可是，太多的欲望使人迷失，太多的诱惑使人浮躁，使人成为受功利驱使的畸形的人，这绝不是教育真正的目的！"

孩子们有些激动，我回到话题："但是，有时候我们还是不得不这样'畸形'下去。下面请大家记录：此处的'与'当'赞成'讲！"

孩子们笑了。

下课了，我的心其实还没有平静下来。

我经常在想：当了这么久的老师，我们到底在干什么？面对这个物欲横流和竞争残酷的社会，每个人身上都被迫背负了太多的东西。从小我们被教育要成为好孩子，上学之后成绩单上那几个阿拉伯数字成了我们唯一的人生价值所在，进入社会之后更是有太多的风雨、太多的无奈、太多的悲哀。每个人都早变成了卡夫卡笔下那只甲虫，社会的进步带来的不仅是物质的极度丰富，还有精神的极度迷失和灵魂的沉重。

于是想起了可可，那个生命永远停止在 20 岁的女孩。

见过太多的孩子为了成绩而神伤，见过太多的家长因为分数而大怒，但是我们都很少看到，我们最应该要的，是孩子健康快乐地成长。

我会教给孩子知识，但是我希望他们也知道，那成绩单上的分数并不是全部，至少相对于他们可贵的生命和可贵的快乐来说。我会尽量使孩子提高成绩，但是我希望他们知道，人生不是那么简单，不是用几个阿拉伯数字就可以概括。我会尽量让孩子考上好的大学，但是我也希望他们知道，能够正视人生、发掘人生、享受人生也许更重要。我不能保证他们以后没有痛苦甚至灾难，但是我希望他们即使在遭遇到人生不可承受的霹雳时，至少还有力气发发牢骚……

其实我也不知道孔子赞成曾点究竟是因为什么，但是我却愿意相信，一个最古老的教育家，应该是把人放在第一位的。

于是，幻想那天我也在座，当孔夫子满意地说"吾与点也"之后，我也从座位上站起来，说："吾亦与点也！"

第 五次讲《五人墓碑记》

今天，我上《五人墓碑记》。

从参加工作到现在，这是我第 5 次上《五人墓碑记》了。但是，今天上，不知为什么，却有一种不一样的感觉。

走进教室，我告诉学生，今天我们要上这篇课文，但是在上课之前，我想问大家一个问题：现在社会上最讲"义"的是哪一种人？

"黑社会！"

学生以惊人的一致齐声回答，这种回答是从来没有出现过的。

"不会吧？怎么会是黑社会呢？"

我故作不解。

"那么民众……"我又问。

"只是为了钱！"

"麻木！"

"下岗！"

……

答什么的都有，尽管我知道回答会是这样的，但是也没有料到有这么尖锐。

有一个孩子突然冒出一句："地位越低的人越讲义！"

"哦，是吗？"我看了他一眼。

"2000 多年前，有一个地位很低的老百姓，当他的国家遭到一个大国侵略的时候，他挺身而出，主动去找国君，要求为击退敌人出谋划策……当他

的乡里人劝他，那是当官的事情，与你无关的时候，他说，当官的鄙陋！没有远谋……"

孩子们一下子反应过来了："曹刿！"

"对，是曹刿。"

我接着说："一个地位低下的百姓，这时候，坚持的却是国家之大义。"

"但是，"我问，"是不是只有老百姓才知道义呢？"

学生们说不是。

"距今1800多年前，有一个官员，坚持正义，反对强权，特别与当时专权的宦官进行了毫不妥协的斗争，后来被罗织罪名下狱。他本来有机会逃跑，但是他拒绝了，他觉得，为了自己信奉的理想正义而献身，是他最大的愿望。后来，这个大臣在狱中被酷刑折磨致死，这个人的名字叫陈膺。"

孩子们的神情有些沉重了。

"差不多在同一个时期，另外一位大臣陈蕃，为了保护陈膺，竟然被皇帝赶走。而也就是这个陈蕃，在谋诛杀宦官的行动失败之后，率领太学生和家奴冲入宫门，慷慨赴死。"

"也许，义并不是下层人民的专利。从陈蕃、陈膺，到关羽、张飞，到岳飞、文天祥，到林则徐、关天培，我们无数的官员贵族也不是不讲义的。"

"让我们再往后看：距今150多年前，当时入侵中国如入无人之境的英军，到了一个叫三元里的小村子，那里的人民让他们感觉到了什么叫'义'。那是什么样的人民？在他们的一生里，除了看见过鞭炮里面的火药之外，就没有任何热兵器的概念，但是他们却凭着手里最简陋的农具，打败了不可一世的大英帝国的士兵！"

"距今100年前，当一次轰轰烈烈的变法运动被镇压的时候，一个领导者本来有机会逃跑，但是他说：'中国变法还没有人为之而流血，现在，就从我开始吧！'"

"谭嗣同！"学生大声回答。

"对！是谭嗣同。在狱中，他写下了那首足以流传千古的《狱中题壁》：望门投止思张俭，忍死须臾待杜根。我自横刀向天笑，去留肝胆两昆仑！"有学生跟着我念出后两句，大家的神情越来越沉重。

"20多年后，一群忧国忧民的年轻学子，为了抗议卖国政府与日本签订《二十一条》，愤然走上街头。'五四运动'不仅是中国新文化的开端，更是用铁一般的事实证明了我们的'义'！"

"但是，后来'义'好像成为一个禁忌的词语，因为说到'义'，大家容易将它与'江湖义气'联系在一起。大家都认为这些都是封建的糟粕，我们拥有的是更新、更科学的道德观和世界观，我们的'义'更高、更全，比如爱国主义什么的……"

我等他们静下来，又慢慢地说："这是我第 5 次教《五人墓碑记》。在我以前教的时候，有的学生笑了，大概觉得这些人真是些傻瓜，为了一个素不相识的人，还是官员，居然去杀人，还为他去死！"

我停了一下。

"的确，现在的人智慧多了，聪明多了，他们知道什么对自己有利，什么对自己没好处。当有些曾经被传诵千古的观念已经成为陈迹的时候，我们会站在一个据说是很现代的高度上，对前人指手画脚。在我们看来，他们的确是太傻了。"

"因为在这个物质的社会，我们太物质了，据说这就是唯物主义！这就是物质决定意识！但是，有 5 个人的名字，在他们的生命逝去，躯体腐朽之后，仍然被一代又一代的学生念诵：颜佩韦、杨念如、马杰、沈扬、周文元！"

"于是，有时候我宁愿相信意识决定物质，因为没有精神的人只是行尸走肉！没有精神的民族只能醉生梦死！"

"今天，是我工作以来第 5 次上《五人墓碑记》，我最高兴的一点是，这篇文章没有被删！因为我们的教材已经删除了太多的据说是过了时的文章。我更希望：我们的同学们不一定为他们而哭，但是一定不要笑！"

我停了停。

"现在，我来为大家朗读一下《五人墓碑记》。"

朗读之后，叫学生阅读课文，讲述了一下课文的内容，就下课了。

也许，这是一堂没有达到"教学目的"的课，但是，我觉得，最难达到的目的，也许已经达到了。

超级公开课

　　本期，领导要求 AK 上一节公开课，并再三嘱咐一定要体现现代教学理念。AK 选择了高中教材中的《窦娥冤》一课。经过长时间的精心策划及认真准备，终于备好了一堂极具现代感的《窦娥冤》。现将教学安排列后，与各位同仁共享。

　　铃声响起之后，AK 一身戏装（可用公款向省剧团租借，估计用苏三的那套青衣的行头即可鱼目混珠），从教室后碎步而上，到讲台附近来亮相，做唱科："没来由犯王法……"（专家点评：以此开课先声夺人，激发了学生的好奇心，好）

　　上讲台后，AK 拿出道具（菜刀一把，因找不到鬼头刀，暂时以此代替），出示给学生，提问："同学们，这是什么？"学生回答："刀。"教师纠正："错！这是万恶的封建统治阶级镇压人民的工具！"（专家点评：回答标准、规范，教师引导得当，好）

　　打开事先准备好的课件（注：本课件集中了全校各科老师的智慧，为体现 AK 的智慧，对外只说由 AK 独立制作。课件内容丰富，包括前街与后街示意图、法场及附近地区地图、血溅白练的受力分析、六月飞雪的气象云图、亢旱三年各地区受灾情况以及领导组织抗灾自救的录像资料……制作精美，容量巨大）。（专家点评：引入现代化教学工具，加大了课堂容量，丰富了教学手段，好）

　　学生自读（两秒钟）。（专家点评：学生活动量大，精讲精练，向 40 分钟要效益，好）

提问：（1）窦娥的死是谁造成的？（2）窦娥死前三桩誓愿对我们有什么启发？（3）窦娥的誓愿与精神文明是否违背？（4）窦娥为何不奋起反抗，参加革命？（5）大旱三年之后，对大盘影响将会如何？纳斯达克会升还是会降？……（注：回答问题的学生已由 AK 精心挑选并多次排练，为保证教学的真实性，届时将先请两位比较差的学生回答，之后再由准备好的学生回答）（专家点评：老师的话如春风，唤醒了同学们沉睡的心灵，激发了孩子们的求知欲和创造性，好）

学生表演《窦娥冤》片段（注：所需服装由学校出面向省剧团租借，乐队由校鼓号队临时客串，经过一个多月的排练，有两名学生还记不住台词）。（专家点评：一位优秀的教师，应该是一个能最大限度地激发学生创造热情的教师，AK 是也）

离下课还有 5 分钟，表演结束，学生回到座位，此时，教室灯光渐暗，AK 抱起吉他，坐在讲台上，唱起了专门为这节课写的主题歌——《元代刽子手刀口下的中国女人》："你这样，一个女人，让我欢喜让我忧……"

还有 15 秒下课，教师总结，布置作业：请以"从窦娥身上看到的后现代主义的终极人文关怀"为话题写一篇可行性研究报告，字数 5 万以上，下星期一交。（专家点评：将研究性学习引入语文教学，拓展了学生的视野，增强了学生的学习兴趣，高，实在是高）

病 中

我病了，这是今天早上我明显认识到的一个真理。

早上起来跑步的时候，全身疼痛，头也晕，几乎都想不跑了，但是想到作为主任一级的国家干部，身先士卒还是很重要的，何况以前曾经答应过孩子们，要跟他们一起跑步，现在轻伤就下火线，无论如何都有些问心有愧。

今天早上没有我的早读，于是早餐过后，干脆趴在办公桌上睡觉，也不怕有加重感冒的可能。10分钟之后，仍然感觉不舒服，看来，人格魅力也是不管用的啊。

突然想到一个词：病中。

在我的印象中，这个词是比较高雅的。西施捧心，黛玉蹙眉，美人平添几分妖媚，更惹人怜爱，但是若认为病是女子的专利，那也未免有些性别歧视的嫌疑。因为，大男人生病了，往往更加千娇百媚，甚至，还能作出巨大贡献。

据说笛卡儿小时候多病，经常就躺在床上望着天花板发呆，这一来二去，居然就悟出了无数几何定理。闲来看一些古人笔记，也经常说何时何地自己在病中，于是百般无聊，信笔闲话。谁知道这一闲话经常就闲出了美文，于是自己也羡慕起来，什么时候洒家也病上一把，也百无聊赖一回，没准也能写出个什么惊世骇俗的大作呢。

据说这种观点也是有科学依据的：一来病中无事可干，而脑袋一般还更为清醒，于是脑力劳动反而更纯粹，于是许多贡献在病中产生；二来人（当然是指雅人）病中感觉更敏锐，体验更直观，于是关于人生的很多问题也想

得更加深刻，于是形而下者上升为形而上，往往能发人所未发，见人所未见，填补无数人类思想空白云云。

但是，以上观点有一个前提：生病的必须是"雅人"，哪怕生同样的病，俗人跟雅人都是不一样的。以前有个苏联电视剧《死亡档案》，里面一个德国军医对一个士兵说："这种病，将军生了就叫'消化系统功能障碍'；校官生了，叫'消化不良'；尉官生了，叫'拉肚子'；像你这种小兵生了，就只能叫'拉稀屎'！"

所以，引车卖浆之徒是没资格生病的，即使生病，也不允许生得这么高雅，最多不过就半夜3点跑到华西医院去排队等挂号，然后听庸医一阵胡说，买上一大堆药回去哼哼唧唧地对付，要想在病中为人类作什么贡献，那更是痴心妄想。而雅人一生病，连名字都不一样了，那叫"恙"。中国传统的人文关怀也体现在这里。俗人们见面都问"吃了吗"，属于形而下的物质层面上的关心，而雅人们见面就问"别来无恙"，其实倒不一定是在问生病了没有，如果没有生病，固然也算好事，但是若对方回答："自君别后，偶感风寒……"那么问者就必须肃然起敬了，因为下面很可能人家就要说"病中偶得佳句，与兄共赏"什么的了。

所以，俗人生病那是阻碍社会进步，减少社会财富，而雅人生病则是高雅之至，须恭而敬之，大书特书的了。

当然，雅人生病也是有选择的，病生得好，往往锦上添花，生得不好，就常常弄巧成拙了。首先，不能生得狼狈，诸如缺胳膊断腿之类的，那是俗人病，雅人是万万不能生的。其次，不能生得邋遢，雅人是应该在任何时候都要保留自己的形象的，若生病生得跟下里巴人一样，未免太丢面子。再次，生病一定要好，哪怕好得慢一些，以体现雅人的矜持也无关紧要，否则，一病不起，最后挥手自兹去，就很不高雅，更别谈病好之后再为国家为人类作贡献了。所以，司马懿装病骗曹真，故意弄得鼻涕眼泪一把抓，就是深明此道：您看看，我生的是俗病，而不是雅病，估计是离黄泉路不远了，不会再有什么作为，您就放宽心出去打猎吧。

所以，综合来看，雅人适合生的病主要有以下几类：

（1）偶感风寒。这的确是高雅之至，既不伤筋动骨，一般又没有性命之虞。卧床数日，尚可闲来观书习字，没准什么"病中吟"一类的大作就此诞生，为人类文化遗产添砖加瓦。当然，偶感风寒，发点烧也是在所难免的。但是这发烧也有等级：一般说来，正常体温下，人类比较适合进行现实主义创作；烧到 38 度的时候，就可以写浪漫主义作品了；烧到 39 度，适合写魔幻现实主义；烧到 40 度适合写荒诞派作品；烧到 41 度完全适合写黑色幽默；烧到 42 度以上，估计就只能写印象派了。

（2）心脏病。此病不利于剧烈运动，最好静养，与雅人矜持高傲之性格恰好谐和。得此病者，缓步当车，飘飘然有君子之风，的确高雅得紧！

（3）胃病。一般情况下不会恶化，只要注意饮食，安心调养即可。君子本来就该"食不厌精，脍不厌细"，得此病者，与圣人主张暗合，具有无上之理论高度，高雅之至！

（4）中毒。这病听起来吓人，其实也是高雅之至的。武侠小说里面那些大侠们哪个不是身经百毒呢？魏晋士大夫喜食五石散，服食之后全身就会发热——实际上就是中毒症状。此时名士们便一阵穷走，谓之"行散"，这中毒之后解毒的办法居然也领导了一时的潮流，连那些没钱买五石散的穷人也装模作样躺在地上做痛苦状，人问之，则答曰："药性发矣！"所以，能中毒首先就是一种档次，而中毒之后的痛苦也是一种高雅了。

……其他的，生病不多，的确无法尽述矣！

敲完这些字之后，不免有些自得：看来，洒家好像也有机会跻身雅人之行列了。于是暗下决心，一定要趁病中的大好时光，以先辈为榜样，细心摸索，仔细体会，填补洒家一直以来在病中无甚建树的空白！

我 所认识的陶渊明

　　第一次知道陶渊明，大概是在初中的时候。语文课本里有他的《桃花源记》。那时，我对他的感觉恐怕只有痛恨，因为觉得古人一天到晚没事做就写些深奥难懂的文章让我们背，背不着就被老师打手心。当时背《桃花源记》我是否惨遭打手心之厄运已记不清了，不过这种对古人的痛恨至少持续到高中。

　　于是后来就读到了他的《饮酒》，也并不觉得"采菊东篱下，悠然见南山"的句子有什么了不起。后来看到王国维先生说一个"见"字，境界全出，由"有我之境"变成了"无我之境"，达到了艺术的最高境界。于是试了一下，把这"见"字改为"看"或"瞧"或"瞪"，发现的确都没原来的好。但现在我也不去写古诗，这些东西也就是没事的时候跟朋友们侃侃，实际的作用也不太大。

　　大凡读过几本书的人说起陶渊明，总是津津乐道于他"不为五斗米折腰"的故事，并把这故事当成厌恶官场污浊、追求自由的典范，其实这也是一种误解。陶渊明的曾祖父陶侃，是东晋的著名将领，曾率兵平定多次叛乱，南征北战，屡立奇功，官至大司马，可谓"一人之下，万人之上"，陶家也是东晋的名门望族。可惜好景不长，刘裕夺取了晋朝的政权，建立了刘宋。而这时陶家就成了前朝余孽，虽不至于遭受残酷迫害，但以往的好时光肯定是一去不复返了。而陶渊明很不幸地就生活在这历史的交界处，而他"自以曾祖晋世宰辅，耻复屈身后代。自宋武帝王业渐隆，不肯复仕"，所以与其说他是一个痛恨官场的斗士，还不如说他是留恋故国的前朝遗民。

而真正令我感动的，是另一件事。

陶渊明在当那个只能挣五斗米的彭泽令时，没有带家人一起上任。在他任职期间，有一天，他送了一个仆人给儿子，并附上一封信，信里面说："我把这个人送给你，帮你做些粗活，他也是别人家的孩子，你一定要善待他……"

"他也是别人家的孩子，你一定要善待他。"整个一部《南史》，后来在我眼里就只剩下这一句了。

不要忘记，他生活的年代是一个兵荒马乱、战争频仍的年代；也不要忘了，在他所处的南北朝时期，高高在上的士族完全决定了庶族的生死存亡，更何况只是一个下贱的仆人。读《南史》时，看过了太多士族的恶心行为：有将痰吐在随从嘴里，因而领导了当时上流社会的时尚的；有欺男霸女而自命为风流潇洒的；还有让侍女给客人敬酒，因客人不喝而连杀数名侍女的……

对生命的漠视到底是由于道德的沦丧还是由于灵魂的麻木，我不知道。我只知道，从那天看到这一段文字起，我所认识的陶渊明就不再是一个厌恶官场的愤世嫉俗者，而是一个人，一个真正的人，一个爱人的仁者。

多年后，看廖沫沙先生的文章《郑板桥的两封家书》，作者引用了郑板桥家书里面的一些话：

家人（家里的佣人）儿女，总是天地间一般人，当一般爱惜，不可使吾儿凌虐他。凡鱼飧果饼，宜均分散给，大家欢嬉跳越。若吾儿坐食好物，令家人子远立而望，不得一沾唇齿；其父母见而怜之，无可奈何，呼之使去，岂非割心剜肉乎！夫读书中进士作官，此是小事，第一要明理作个好人。

相隔近千年的两个文人，在如何对待人这个问题上，走到了一起。这种朴素而又高尚的情怀，应该让那些整天口里喊着"以人为本"的官员们汗颜，应该让那些一边在高呼人权一边却又在肆无忌惮地践踏人权的人羞愧。

或者，也提醒了我们，原来，把人当成人，还有很长的路要走……

想起了王忠嗣

　　很早就想写写王忠嗣了，翻开我的读书笔记，第一次在《旧唐书》里读到他的传记是在 2000 年 12 月 17 日，当时感触就很深，几乎抄下了整个传记。2001 年 6 月 9 日，又在《新唐书》里读到了《王忠嗣传》，于是对自己说，应该写一下他了，可是一直也没有下笔。

　　一直没写的原因，恐怕是觉得这个人即使在现在，都很少有人能够真正的理解，因为他是一位将军，一个英雄，而他之所以成为英雄，恰恰是因为他不愿意打仗。

　　王忠嗣是唐朝天宝年间人，出生于一个将门之家，父亲王海宾曾屡立战功，后为国捐躯。王忠嗣长大以后，"雄毅寡言，有武略，上与论兵，应对蜂起"，显示出非同一般的军事才能，连唐玄宗也赞赏他"尔后必为良将"。王忠嗣也没有辜负皇帝的期望，在半生的戎马生涯中，他屡建奇功，威震边塞。但是，谁也没有想到，一场灾祸，却在等着他。

　　唐天宝六年（公元 747 年），唐玄宗决定进攻吐蕃重兵把守的石堡城。对于这一战略计划，王忠嗣向来是持反对态度的。他曾对自己的下属说："国家现在处在安定状态，当将军的就应该注意安抚驻地的人民，我不愿意牺牲无数将士的生命来为我获取功名。"所以，当皇帝提出要进攻石堡城时，他当面反对："石堡城集中了吐蕃几乎所有的精锐部队，我们去攻击他，必将付出极大代价。"但是，皇帝的决定是不可改变的，于是，王忠嗣与李延光被命令合力攻击石堡城。

　　当命令下达以后，王忠嗣并没有积极备战，而是消极怠工，也许他怠工

怠得太明显了，连他的手下，后来在安史之乱中建立奇功的李光弼都看出来了。李光弼直接找到王忠嗣，问他为什么这样做，王忠嗣的话让人肃然起敬："我确实地知道，我们得到石堡城并不能有益于国家，失去石堡城也不会有损于朝廷，我不愿意以几万人的性命来换取我的官位。"

石堡城果然没有攻下来，而王忠嗣竟然根本没有意识到自己已处于危险之中，又干了另外一件"傻事"——上表说安禄山要谋反。

须知当时是天宝六年，距安禄山起兵叛乱还有整整8年，此时的安禄山正是如日中天，朝廷大臣趋附都唯恐不及，而王忠嗣竟如此不知轻重。于是，旧账新账一起算，失利的李延光立即将所有罪责全部归于王忠嗣，安禄山也不失时机地到皇帝面前辩明"清白"。幼稚的王忠嗣原来还以为，凭自己的战功，大不了被贬为金吾将军或者羽林将军，最糟糕也不过到稍微边远一些的地方当个地方官。可是他没有料到，李延光、安禄山联合了早已对他恨之入骨的李林甫，不仅诬告他"沮师"（妨害军事），甚至还无中生有地诬告他谋反。皇帝龙颜大怒，决心置他于死地，后来多亏了名将哥舒翰以自己性命担保，他才免除一死，被贬为汉阳太守。两年后，王忠嗣在任所突然去世，死因不明，时年45岁。他死以后，哥舒翰带兵攻打石堡城，以伤亡上万人的代价，取得了胜利。6年后，即天宝十四年（公元755年），安禄山于范阳起兵叛乱。

王忠嗣不愿打仗，不是因为他怕死，《新唐书》评论他说："以忠嗣之才，战必破，攻必克。"也不是因为他怕失败，他自己说过，我们付出很大代价，可以攻下石堡城。而是因为一个理由，这个理由出自将军之口简直有些荒诞——不愿意以士兵的性命换取自己的官位。他难道不知道"一将功成万骨枯"是自古不变的真理？他难道不清楚自己面对的是一个别人盼都盼不到的机遇？他难道不知道就算爱惜士卒出了名的汉代飞将军李广，一生也为没碰上建功立业的良机而耿耿于怀？

当一个人真正在心中把"人"放在第一位的时候，他就会做出和王忠嗣一样的选择。那么，教师呢？

我们都曾苦口婆心地劝说学生要这样，不要那样，难道我们就从来没有为了自己的工作、职称、奖金而不惜扼杀孩子的爱好、未来和活力？当我们将我们所有的一切掩盖在"一切为了学生"这杆大旗下，以各种极端的方式惩罚和伤害甚至毁灭学生的时候，难道就没有自己的利益掺杂其中？或者，学生的所谓前途真的就那么重要，非要以人格的伤害、兴趣的扼杀，甚至人格的扭曲为代价？

有太多太多的残害和扼杀，都是假以高尚的名义——国家、民族、主权、前途、未来、正义、进步……小到扼杀人的思想，大到摧毁人的肉体和灵魂，而且在将你摧毁之后还逼着你感恩戴德，恨不得再做一次牺牲。而在所有这些貌似高尚的旌旗中，我唯独没有看见一面最重要的旗帜——人。

想起以前看陶渊明，感动于他对一个小仆人的尊重，而现在看王忠嗣，更为他不愿黩武换取官位而震动：真正的人，应该是将"人"放在第一位的，不论这"人"是一个还是成千上万，更不论这"人"是王侯贵戚还是贩夫走卒。当他们尊重生命的时候，他们自己的生命也得到了尊重；当他们正视生命的时候，他们自己的生命也得到了升华。

写 给孩子们的话

1. 关于青春

每当看到你们的时候，我心里总有一种无法抑制的羡慕甚至嫉妒——为了你们现在拥有的美好的青春。虽然沉重的学业使你们总觉得岁月是灰色的，但是你们可知道，奋斗的青春其实才是真正亮丽的风景，真正的美丽总是与奋斗和拼搏联系在一起的。

不要总是怀念过去，因为过去已不可重复；不要总是企盼未来，因为未来还不能把握。不要让自己的心总生活在别处，孩子，珍惜你现在拥有的时光，就是珍惜了你的青春，就是珍惜了你的生命。

2. 关于未来

和你一样，我也不能预知自己的未来，如同无法把握住手中的沙。我只知道，未来会有风，就像过去经历的那场；未来会有雨，就像往事珍藏的那些。我知道，孩子，也许你将要经历的会比我所经历过的更复杂、更残酷、甚至更悲凉。当你离开我之后，我无法再给你更多的关心和呵护，但是我会给你一把伞，让你在以后的岁月中，多少能挡住一些风雨；我会给你一顶帽子，也许很小，但是多少能遮住一点毒辣的阳光。

3. 关于家

我喜欢我们教室后面的那句话——我爱我家。我们每个人都是家庭的成员，但是我绝对不是家长。当我们一次又一次走过一些我们以前以为不能走过的难关的时候，我只能为你们而感动，只能为你们而骄傲。也许你们以后

面临的不会是永远的温暖，不会是永远的和睦，但是，孩子，记住你曾经拥有的这一切，珍惜你现在拥有的这一切，即使以后会有冷漠和残酷，我们至少可以骄傲地说："我曾经拥有过这样一个集体，我知道一个完美的家应该是什么样子的。"也许，你以后也能和你的朋友们一起建造一个家，一个比家更温暖的集体。

4. 关于尊重

有时候我在想，如果说我与有些老师有什么不同的话，也许就是我更尊重你们。而我更希望的是，你们也能更尊重其他的人。尊重是一种德行，如同坦荡的平原尊重巍峨的高山，如同谦虚的深谷容纳奔腾的河流。孩子，当你奉献出你的尊重的时候，你展示出的是你的宽广和伟岸。只有缺乏自信的人才会时刻贬低别人，只有自私狭隘的人才会轻视别人。孩子，尊重是一个砝码，当你将它放在人生的天平上的时候，你放上去的实际上就是你自己在别人眼中的重量。

5. 关于宽容

人类经过了太多无聊的争斗，付出了太多的代价之后，终于知道宽容原来是一种美德了。但是我们仍然看到世界上有太多的不宽容。宽容不是放弃自己的原则，宽容不是一种无休止的妥协。宽容是发自内心地对别人人格的尊重，是对生命的承认，更是对自己的尊重。当我们遇到与自己意见相左的观点的时候，孩子，不要急于想去驳倒对方，而要告诉自己：宽容一切可以宽容的人和事，正如尊重一切应该尊重的人和事。当你宽容的时候，你头顶上不是飘扬着投降的白旗，而是闪耀着智慧和博大的光芒。

6. 关于友谊

对友谊的渴望是你对生活的热爱，对朋友的付出是你对真诚的解读。但是朋友其实只是路灯，只能照亮你人生的某一段旅程。每个筵席都会按时结束，正如每个筵席都会按时开始。不要苛求你的朋友能理解你的一切，因为友谊的真谛是付出而不是回报。所以，孩子，不要苛求朋友能解决你的所有问题，不要以为有了友谊人生就不需要其他的东西。让它淡淡地来，它就会好好地去，也许，自然的才是最好的。

7. 关于爱情

我知道那种似乎被击中的感觉，我知道那种牵肠挂肚的思念。当分别的

时候，感觉天地是如此的空旷，仿佛一切都不复存在。我知道那种偷眼看他（她）时候的心跳，知道那种盼望下次相见的急切。爱情是一切感情中最神圣最美好的一种，当你跨入青春的大门的时候，爱情的渴望就已经翩然而来。但是，孩子，如果他（她）的确是那么美好，那么让他（她）再沉淀一下吧。就让开花的季节开花，就让成熟的季节成熟，就让收获的季节收获。其实，等待本身就是一种美，没有等待的收获，得到的总是青涩。享受过等待的盼望和急切之后，将心情沉淀下来，让一切美好在时光的流逝中慢慢发酵，变得更醇更美。被时光雕琢的爱，才是最完美的！

《晏子辞千金》课堂实录及课评

《晏子辞千金》课堂实录

一、如果我们是古人——古文不过如此

（屏幕显现"如果我们是古人——古文不过如此"粗体字样，下面有些议论）

师：（不动声色，屏幕再显示"晏子"二字）大家看屏幕，打的是"晏子"二字，这个人你们熟悉吗？

生：（齐声）熟悉！

师：好。大家知道他的故事吗？

生：（又齐声）知道！

师：那好。能否请一位同学来讲一下他的故事？

（一位学生举手，讲"晏子使楚"的故事）

师：讲得真好！十分感谢！从这个故事我们可以看出，晏子是一个什么样的人？

生：聪明、智慧、机警。

师：对，晏子是以一位智者的形象出现在历史当中的，不过今天我们要讲的是他另外一个故事（教师在屏幕上显示完整课题《晏子辞千金》，并将翻译好的现代文发给学生）。现在，请一位同学起来把这个故事读一下。刚才那位同学举手了我没有看到，很抱歉，现在你来讲好吗？

（学生读译文……其余的学生静听着）

师：很好，现在大家看看，晏子是一个什么样的人？

生：一个正直的人。

师：为什么？

生：他想把钱给百姓。

师：还有呢？

生：他非常廉洁。

师：现在大家都清楚了他的品德了吗？

生：清楚了，晏子的品德正直而廉洁。

师：但是还有一个人不清楚，就是晏子。（学生非常惊讶，等待着教师发话）因为我们这里用的是现代文，要是读出来的话，晏子肯定听不懂的。（有学生微笑）平时我们都是扮演现代人，把文言文翻译成现代文，今天我们反过来，客串一把古人，把这段文字翻译成古文好吗？

生：（一时来了兴致，齐声）好！

（教师先在屏幕上显示课文的部分现代文翻译，并视学生现场的回答情况，在现代文下面打出翻译出来的古文，或随时将古文调阅出来）

师："晏子正在吃饭"怎么讲？

生：晏子正食。

师：（在电脑上打出四字，并笑）你们见过古文里面说"正在"是用"正"吗？

生：（恍悟）没见过，应该用"方"，是吧？

师：正是。（师将"正"改成"方"）"齐景公派使者来了"怎么说？

生：公使使至。

师：（心下暗喜）很不错。（随手打出四字）请大家继续，"晏子把自己的食物分给他吃"怎么说？

生：子分食与之。

师：好。那"使者没有吃饱，晏子也没有吃饱"该怎么讲？

生：使者未足，晏子也未足。

师：（一顿，提高声量）也？

生：（恍悟）亦！亦未足！

师：很好，请继续，"使者回去"呢？

生：使者归。（又有学生在下面说"使者返"）

师：（将两种答案都打在屏幕上）"对景公说了这件事"怎么说？

生：言之于公。

师："景公说：'他穷得像这样啊！'"又如何说？

生：公曰："如此窘也！"

师：（略一顿，提高声量）怎么不用"穷"呢？

生：一般说来，古文"穷"字都是指官员人生道路陷入困境一类的，所以这里应该用"窘"字。

师：（赞赏）很好！我们一般说"日暮途穷"，就是指道路迷茫。还有"欲穷千里目，更上一层楼"，这里又是指穷尽。"我不知道，是我的错啊！"这句话该怎么说？

生：吾不知，吾之过也！

师：（略一顿，提高声量）吾？是吗？

（生在下面议论纷纷）

生：老师，是"寡人"吧？

师：（笑）很好！我们知道，景公是一个诸侯，先秦诸侯自称都是"寡人"之类。好！"多次送给他"怎么讲？

生：数（shuò）赠之。

师：很好。那"最后晏子拜了两次推辞说"怎么讲？

生：子再拜辞曰。

师：（略一顿，提高声量）什么叫"再拜"？

生：拜了两次。

师：为什么拜两次？

生：应该是"表示恭敬"的意思。

师：好，"我家不穷"呢？

生：吾家不窘也。

师：好，继续来。（感到有些难度）提示一下，我们说古人有"名"、有"字"、还有"号"什么的，谦虚的时候应该称什么？

（学生之间有争议，有生说"名"）

师：那位同学说得对，自称谦虚应该称"名"，所以这里最好是——

生：婴家不窘也。

师：好的。接着来，"因为景公的赏赐"怎么说？

生：因公之赐。

师：（环视众生）还有其他的意见吗？

生：以公之赐。

师：（不作评价，直接打出两种翻译）好，"用来赈济百姓"怎么说？

生：以之赈民。

师：那"国君的赏赐很优厚了"呢？

生：君之赐厚矣。

师：（略一顿，提高声量）你用了"矣"字，那为什么不用"也"字？

生："也"字我感觉是判断，而"矣"字我感觉好一些，但具体怎么说却说不好。

师：（微笑）感觉很好，语感嘛。"矣"用来陈述，还带有一些感情在里面。好，我们继续。"我听说"怎么说？

生：婴闻之。

师："从国君那里获得厚赏"呢？

生：获厚赏于君。（又有学生说"获赏于君"）

师："散给百姓"怎么说？

生：散之于百姓。

师：好。"这就是代替国君统治人民"呢？

生：此乃代君治民也。

师：那好，我们连起来，"从国君那里获得厚赏而不散给人民"怎么讲？

生：获厚赏于君而不散之于民。

师：（微笑）对了。接着来，"忠臣是不做的"怎么讲？

生：此乃忠臣不为也。

师："这就是用筐箧收藏财物"呢？

生：此乃筐箧之藏也。

师：好。接着说"仁义的人是不干的"。

生：君子不为也。

师：（赞赏）仁义的人就是"君子"，很有道理。请继续，"向上从君主那里获取"。

生：上取于君。（又有学生说"进取于君"）

师：（示意对话的学生坐下，向着旁边说话的学生）你是说"进取于君"，能说一下自己用字的观点吗？这里明明是"向上"啊？

生：我记得初中《岳阳楼记》一课里面有这个"进"字，"进"就是对皇帝，"退"就是对下面。具体怎么说，我记不太清楚了。

师：很好！《岳阳楼记》里面说："是进亦忧，退亦忧，然则何时而乐耶？"我们的同学读书很仔细嘛！接着来，"在下面得罪士人"怎么说？

生：下得罪于士。（又有学生说"退得罪于士"）

师："内心满足就能免于忧患"该怎么说？

生：心足则避忧（或"患"）也。

师：（提高声量）我想知道的是，你为什么只用"忧"或者"患"？

生：我想，因为古代多用单音节词。

师：（赞赏）对，我们现在说长江，古人叫"江"，黄河古人叫"河"。我们多用双音词或多音节词，而古人则多用单音节词。下面，"景公对晏子说，以前我们去世的国君把五百书社授予管仲"，这句较长了，该怎么说？

生：景公谓晏子曰：前桓公以书社五百授之仲。

师：（提示）你们觉得用"前"好吗？

生：（想了一想）感觉不好。

师：那用什么？

生：（恍悟）昔。

师：（微微一笑）那"去世的国君"该怎么说？

生：应该是"先王"吧。

师：（做了改正）那好，"管仲没有推辞就接受了"又怎么讲？

生：未辞而受之。

师：（提高音量）管仲呢？

生：（笑）省略了。

师：好，请继续，"你推辞是什么原因呢"？

生：汝辞之何也？

师：（提示）用"汝"合适吗？古人说"尔汝"就相当于我们现在说"卿卿我我"，是比较亲密的人之间说的，你们觉得这里最好用什么？

生：（恍悟）子。

师：好，再看下面。"晏子说，智慧的人考虑多了，肯定会有一次失误，愚蠢的人考虑多了，肯定会有一次成功"，这个句子也比较长，怎么讲？

生：（迫不及待地）智者千虑，必有一失；愚者千虑，必有一得。

师：呵呵，这么肯定？好，终于到最后了。"想来管仲的失误就是我的成功吧，所以拜两次不敢接受"怎么讲？

生：臣以为管仲之过乃臣之得也，故再拜而辞之（或者"弗受"）。

师：（面对全班）好，我们终于把文段翻译成古文了。（略顿，并将学生翻译的部分现代文文本回发给他们）现在我将我们的成果念一遍。

（教师念，学生静听）

师：晏子正在吃饭，齐景公派使者来了，晏子把吃的分给他，使者没有吃饱，晏子也没有吃饱。使者回去之后，把这事告诉了景公，景公说："唉！晏子家里穷得这样啊！我不知道，是我的过错啊！"使吏致千金与市租，请以奉宾客。晏子谢绝了。景公多次送去，晏子最后拜了两次推辞说："我家不贫穷，因为国君的赏赐，泽覆三族，延及交游，用来赈济百姓，国君的赏赐很丰厚了，我家不穷啊！我听说，从国君那里获得厚赏，却施舍给人民，就是代替君主统治人民，忠臣是不做的；从国君那里获得厚赏，却不施舍给人民，就是用筐箧收藏财物，仁义的人是不干的；向上从国君那里获得赏赐，向下得罪士人，身死而财迁于他人，是为宰藏也，智者不为也。夫十总之布，一豆之食，内心满足就能免除忧患。"

景公对晏子说："以前我们去世的国君把五百书社授予管仲，他没有推辞就接受了，你推辞是为什么呢？"晏子说："我听说：智慧的人考虑多了，肯定会有一次失误，愚蠢的人考虑多了，肯定会有一次成功。想来管仲的失误就是我的成功吧，所以拜两次不敢接受"

师：这里有一个问题，你们认为晏子能看懂吗？

生：二懂（注：方言，"半懂"的意思）。

此时教师暂时没有应答，而是发下《晏子辞千金》原文：

晏子方食，景公使使者至，分食食之，使者不饱，晏子亦不饱。使者反，言之公。公曰："嘻！晏子之家，若是其贫也！寡人不知，是寡人之过也。"使吏致千金与市租，请以奉宾客。晏子辞。三致之，终再拜而辞曰："婴之家不贫，以君之赐，泽覆三族，延及交游，以振百姓，君之赐也厚矣，婴之家不贫也。婴闻之，夫厚取之君，而施之民，是臣代君君民也，忠臣不为也；厚取之君，而不施于民，是为筐箧之藏也，仁人不为也；进取于君，退得罪于士，身死而财迁于他人，是为宰藏也，智者不为也。夫十总之布，一豆之食，足于中，免矣。"

景公谓晏子曰："昔吾先君桓公以书社五百封管仲，不辞而受，子辞之何也？"晏子曰："婴闻之，圣人千虑，必有一失，愚人千虑，必有一得。意者管仲之失而婴之得者耶？故再拜而不敢受命。"

学生则急急地进行阅读、比较。教师同时将学生版的《晏子辞千金》拟古文显示出来：

晏子方食，公使使至，子分食与之，使者未足，晏子亦未足。使者归（使者返），言之于公，公曰："如此窘也！寡人不知，寡人之过也！"使吏致千金与市租，请以奉宾客。晏子辞，数赠之，再拜曰："婴家不窘也，因公之赐（以公之赐），泽覆三族，延及交游，以之赈民，君之赐厚矣，婴闻之：获厚赏于君（获赏于君），散之于百姓，此乃代君治民也，忠臣不为也；获厚赏于君而不散之于民，此乃筐箧之藏也，君子不为也；上取于君（进取于君），下得罪于士（退得罪于士），身死而财迁于他人，是为宰藏也，智者不为也。夫十总之布，一豆之食，心足则避忧（患）也。"

景公谓晏子曰："昔先王以书社五百授之仲，未辞而受之。子辞之何也？"晏子曰："婴闻之，圣人千虑，必有一失，愚人千虑，必有一得。臣以为管仲之过乃臣之得也，故再拜而辞之（弗受）。"

师：（稍过一段时间后，提高音量）我们看看这"原版"比起我们的"盗版"如何？前面大家翻译得很好，"使使"两个字的翻译我觉得比原文还精练一些，同学提出的"进取于君"也是很精彩的翻译！但是有些地方"似乎"（延长音）原文比我们的好，比如"代君君民"这一句，这里第二个"君"字用法和意义是什么呢？

生：（略想）名词作动词，"统治"的意思。

师：对，很好！由此可见，文言文似乎也并不是那么神秘啊，如果我们生活在古代，没准比古人说得还好呢！

（生笑）

二、如果我就是晏子——智者的忧虑

（屏幕显现"如果我就是晏子——智者的忧虑"粗体字样，预示课堂进入第二环节）

师：刚才我们看了文段，并且进行了成功的"反译"，现在大家想一下另一个问题：如果你是晏子，或者说如果我是晏子，会接受赏赐吗？会的举手。

（多数学生举手）

师：（有点意外）这么多啊，那不会接受的请举手！

（一名学生举手）

师：（走近）能说说为什么吗？

生：我觉得，我怕景公送了我财物之后会叫我干一些不愿意干的事情。

师：（觉得有必要）什么事呢？

生：叫我贪赃枉法什么的。

师：那么为什么要接受呢？（环视其他学生）也请这些同学说说。

生：（有兴致）那是钱啊！

师：呵呵！是啊，不能跟钱过不去。爱财，人之常情，无可厚非。但是有一个事实是：晏子没有接受！为什么？联系课堂的开始，大家可以看到晏子的什么品德？或者大家从文段中找答案……

生：心系百姓，想把财物分给百姓。

师：可是他最后还是没有分啊！晏子讲述自己拒绝的理由，有几个？

生：有三个。

师：分别是什么？

生：一是不愿代君君民，二是不愿私吞，三是财产在自己死了之后就成了别人的东西。

师：我以为，与其说是晏子的理由，不如说是晏子的"困境"。撇开这点，我有一个疑问，晏子是否想用这钱来帮助百姓？

生：想。

师：但是最后帮助了没有？

生：没有。

师：也就是说，他因为某种原因，把他心系的百姓给"牺牲"了，人家经常说两难处境，但是这时候晏子面对的其实是三难，收还是不收，这的确是个问题，有没有三全其美的做法呢？

生：他可以把钱分给百姓，然后说这是国君给他们的。

师：（幽一默）在钱上都附上一份说明书，告诉大家这是国君的钱吗？

（众生笑）

生：（插话）万一国君知道了，还是会生气的！

师：（对其他学生）晏子说了自己拒绝的三个理由，在这三个理由当中，有最起关键作用的一个原因吗？

生：有，是"代君君民"。

师：（紧问）什么叫"代君君民"？

生：帮君主治理人民。

师：为什么晏子不愿意？

生：怕功高震主。

师：（走近）能详细说说吗？

生：就是好事让臣子一个人做完了，皇帝或者国君会感觉到威胁，大臣危及皇帝的地位，就是"功高震主"。

师：这种担忧不是没有道理。但是，"代君君民"，是否是正确的？

（生不能答）

师：（感觉问题确实提得难了）汉代的时候，周勃和陈平都是丞相，一天，皇帝问周勃，今年天下判死刑的有多少？周勃不能回答。皇帝又问，近来京城建设情况如何？周勃还是回答不上，十分恐慌。皇帝问陈平，陈平说，这些事情你不该问我，自然有主管的官员，你应该问他们。皇帝就说，那你干什么呢？陈平说，我的责任就是帮你管理百官。皇帝听了之后十分高兴，下来之后周勃抱怨陈平不教他这些而让自己丢丑，陈平说，你当丞相连自己的职责都不清楚，那干什么呢？

生：（恍悟）"代君君民"，实际上应该是"相"的职责！

师：对极了！但是，这时候晏子的职责却是他的恐慌，为什么？

（生无法答）

师：现在我们来设想，你自己就是晏子，刚才我们已经说过了，你曾经历了庄公、灵公、景公三个国君，从政57年，事景公48年，创造了一个引人注目的纪录。你经历的最后一个国君就是景公，景公算不上一个十分英明的国君，但是他对你的信赖却是无可怀疑的。在记载你事迹的《晏子春秋》中，记载你匡谏齐景公的不下50章。而此50章中，记景公闻过知错的有12章，记述景公纳谏后不仅当面认错、而且立即改正的有25章。此外，虽然书中没有标明景公闻谏认错但实则赞成你的匡正因而知非而止的有10章。你去世的时候，景公正在打猎，闻听消息，他马上驾车回来，他觉得车子太慢，于是下车跑步，一会儿又感觉跑步还是没有车快，于是又上车来为你奔丧。你去世以后，一天，景公在射箭，每箭一发，叫好声不断，景公说："要是晏子还在的话，他不会容许你们这样阿谀奉承的。"可是，就是这样一个国君，你仍然不敢接受他的赏赐，为什么？

生：害怕。

师：现在我们设想一下，给你两个选择：接受赏赐，但是这很可能成为你以后的罪状，在你倒霉的时候，不仅你，连同你的家人都会遭到灭顶之灾；拒绝赏赐，那么你可以名垂青史，并更加获得国君的信任，你选择哪个？

（大部分学生选择后者）

师：看来大家现在意见有分歧了，而晏子的选择，还跟他的个性是分不开的。他从政57年，事景公48年，能做到这么久，与他的"谨慎"是分不开的。而在这件事上，我们可以看到，受损失最大的是谁？

生：百姓。

师：得益最多的是谁？

生：晏子。

师：他得到了什么？

生：名声。

师：也许还有国君的更多的"信任"。中国历史上有过不少明君，也有过不少昏君甚至暴君，但是，没有谁能保证自己遇到的都是明君，所以，伴君如伴虎。当一个国家所有的东西都取决于一个人的时候，他的个性、爱好、心情、智商都决定了你的生存。如果你遇到这样一个皇帝，当听说百姓闹饥荒的时候居然问"他们怎么不吃肉粥"，那么在他的手下做事，不仅是一件荒谬的事情，而且这事情的危险也是可想而知的。

师：这个话题对大家来说也许太沉重，但是却是中国几千年来的事实。有很多人都提出过同样一个问题："为什么？"答案是很多的，答案更是沉重的。这种沉重，大家在以后可以通过读书和社会经历去逐步了解，想通过这一堂课了解，无疑是不够的。今天的课就到这里。另外，译文里还有几句原文，作为课后作业，请大家翻译一下。下课！

反者，道之动

——评夏昆老师《晏子辞千金》课

（244000）安徽铜陵三中/吴礼明

夏老师这一节《晏子辞千金》文言文课是很有意思的课。在文言文已经上得面目可憎的今天，这一上法不仅令其他教师耳目一新，而且学生也颇感新鲜有味。从课堂现场看，夏老师采取"还原"法，使学生学习文言文的兴趣一下子调动了起来，情绪也非常高涨。当然，这并非夏老师首创，但他给这种教学方式注入了新元素，因而产生了意想不到的效果。我读而乐之，觉得非常有推介的必要。

首先说来，夏老师的课堂常常是变动不居的。作为教师，非常可贵的，他身上有着浓厚的艺术家气质。这使得他的课堂常常出人意表，有很多灵活的元素。他总是根据不同的课堂内容找到切合的展开方式，而这节《晏子辞千金》文言课，无疑又是他展示其独特教学价值观的又一尝试。

一般而言，文言文如何上？有人作了列举，公认的课例似乎是这样一些："钱梦龙执教的《愚公移山》是串讲文言文的极品；张必锟执教的《五柳先生传》是文言文诵读教学的经典；黄岳洲设计的《岳阳楼记》教案是深挖古文知识的代表；张孝纯设计的《乌有先生历险记》是文言词汇训练设计的绝唱；沈衡仲执教的《六国论》是扩大文言文文化内涵的教学视野的典范……"（魏小娜《寻找语文课程视野下的"文言文语言教学"》，《中学语文教学》2005 年第 11 期）这些案例是如此的经典，以至于今天还有很多人在历数这些名师，学习他们的课例。但是，恕我直言，在文言教学面临着极大的时代挑战而羞涩地隐退于历史的暗角的时候，曾经轰动一时的教学模式真的能够为今天的教学提供直接的经验吗？应当说光鲜的文言已经生了铜绿，几千年的时空里，赖以传递丰富信息的文言在今日已经蒙受损失了，当暗黄的的纸页间文雅而孤傲的字句已经远离我们的生活而变得十分遥远的时候，怨恨批评便成了抒泄人们空虚灵魂的最常用的手段，到现在甚至成了唯一的手段。

教学需要寻找新法，文言教学需要拓展新路。而夏老师的可贵探索正显示了极大的价值。他这一课的独到之处在哪里呢？

"平时我们都是把古文翻译成现代文，今天我们客串一下古人，我们试试把这篇文字翻译成古文好吗？"他就这样开始了这一课。我想学生是非常吃惊的。对于已经习惯了古文教学即讲字词的孩子来说，古文即意味着乏味和沉重。但夏老师这一设计，无疑是有着极具诱惑的刺激。这一刺激的意义，让我在这里多说一点。

一是对于已经平淡的课堂，教学本身渴望改变一下单调，夏老师的课堂正适逢其会。看起来，这似乎是一个再自然不过的事情了。

二是夏老师对于课堂有一个"暗算"。如开始部分，师说："晏子正在吃饭？"生答："晏子正食。"师说："你们见过古文里说'正在'是用'正'吗？"生答："没见过，应该用'方'。"师说："齐景公派使者来了？"生答："公使使至。"师又说："很不错，晏子把自己的食物分给他吃？"生答："子分食与之。"师又说："使者没有吃饱，晏子也没有吃饱？"生答："使者未足，晏子也未足。"师突然发问："也？"生醒悟而答："亦，亦未足。"我想，这对于学生来说，暗含着一个比庸常考试还要厉害的检验。因为它不需要死记硬背，而是运用和发挥。由被动的学转化为主动的发挥，对于学生来说，不使出浑身解数，如何彰显自己的能力呢？

当文言语言的硬壳在课堂上被学生细细地敲碎之后，师生的对答便非常畅快起来，学生甚至显得非常兴奋。当老师说"晏子说：智慧的人考虑多了，肯定会有一次失误，愚蠢的人考虑多了，肯定会有一次成功"时，学生迫不及待地回答："智者千虑，必有一失；愚者千虑，必有一得。"当老师说"想来管仲的失误就是我的成功吧，所以拜两次不敢接受"时，学生很流畅地用了较长的句子来回答："臣以为管仲之过乃臣之得也，故再拜而辞之（弗受）。"如此看来，语言的静波就显现出来了。

这种"暗算"还体现在，夏老师的课堂在貌似无序的背后有着严肃的构思。在他，就是要通过课堂的语言，激活学生的心智，而这一目的达到之后，夏老师发下了原文文本，并激趣说："大家来对比一下，我们的'盗版'与'正版'相比如何？"这又是一个刺激。不表。然后，课堂再渐进地到达人文的层面（"晏子的困境"），完成了一个由语言到意义的提升过程。显然，夏老师的教学设计步骤很清晰，循序渐进，由易到难，由个别到整体，学生不自觉地参与其中，自然而然，不知不觉将课堂融合进了自己的理解视野之中。

这一节文言课上下来，学生突然感到文言竟然还是如此的有味。而夏老师没有讲解什么虚词、实词，也没有让学生枯燥地在文言单词里转悠。而一种展示学生个人效能的方法，绕开了单调而乏味的概念性解释，使学生很自然地在文言单词与现代汉语双音词之间比较熟练地转化着。我想，仅仅凭借这一点，这一节课堂也是非常成功的。当然，夏老师的课堂远不止于此，其文化阐释也是极具个性和有意思的。但纵观其课堂，夏老师其实并没有将一个确定的答案告诉学生，而是启发他们在日后的人生之中去思考、去探索。所以，这样的课堂其实又是非常开放的，并将学生的视线牵向很遥远很遥远的地方。

对于夏老师的课堂来说，我觉得最值得玩味的地方，倒还在以下几点：

一、"反者，道之动"。这句话出自《老子》第四十章，意思说，循环往复的运动变化，是道的本真运动。说"暗算"也好，"巧妙"也好，其实都还未能真正地深入事物探究的深层。对于文言教学来说，将古文转化为现代文，目的何在？一般的回答是便于理解，因为古文难懂。其实这只是将事情做了一半，很多人还不知最好的行事还是要回到自身上来。要完成一个理解，在哲学层面上讲需要一个循环。很不经意之中，理解又回到了起点。这就是圆点运动，也正是老子"道"的意思。因为找不到返回的路径，理解受到了阻塞，于是文言成了"之乎者也"，变得异常枯燥。这对于持语言工具论的教师来说，夏老师的做法不啻是一个反讽。僵硬的工具论教学时常落到使学生对文言课堂倒胃口的地步，想一想，究竟是谁的过错呢？

二、《老子》中又说："弱者，道之用。"其大意是，"道"所使用的方法是示弱而不是逞强，用柔劲而不显示刚强。这节课堂没有凸显一般教师所谓周密而科学的、环环相扣、丝严缝合而"无懈可击"的教学设计和所谓的逻辑进度，也没有凸显教师的动人风采与迷人个性。相反，教师示弱，他并没有显示教师作为知识的主宰，而教师的亮点只在于他不断地让学生有思考的问题，有求思的所在。所以在课堂上，学生获得了言说的自由与空间的同时，并没有做听众的崇仰与快乐。

三、《老子》中还说："天下万物生于有，有生于无。"其大意是，天下的万物似乎产生于看得见的有形质体，而有形质体又似乎产生于那些不可见的无形质体。我想，夏老师运用的智慧都在这里。关于"无中生有"，学界有很多批评的声音，其实这些都还没有真正理解事理的精髓所在。从眼前有形的语言，有限的语言空间，如何让学生看见隐藏在文字背后的极大的事理空间，应当说主张语文人文说的教师做得比较出色，但是，往往这样的课堂，又给人无迹可寻的感觉。而事实上，照这种课堂情形来看，仍然依赖于教师的精心设计和密度旁搜。要想课堂获得意义的拓展，又需要大量的"互文"来支持。而这一点，是学生做不到的，并且也是他们难以理解的。而夏老师课堂上循序渐进的做法，恰恰让学生不自觉地感到，由语言进到精神领域，有一个可见而浅近的路径。精神空间其浩瀚乎，而可得于心，需要的是大巧若拙的本色与深入浅出的功底，其夏老师有与！

由夏老师的文言课堂，我想再说一些。

一是，今天一般的文言课为什么上得非常的逼促呢？一个很重要的原因是，很多教师的视野已经非常狭隘，只知道就字词讲字词，只知道为传授而传授，对于超越课文的很多东西基本上失去感觉。文言如果只释字词，而不进行任何的理解，古文就成了死文，也难怪它招致了包括老师在内的很多人对古文的厌弃。在传统的"防教师"体系教材编写与教学实践中，教师只是国家教育目的和教材编写者的执行者，完全丧失了教师在教学活动中的独立和主体的地位。因而，教学行为，就表现为"唯书"和"唯上"，表现为"教"教材，而不是"用"教材。新课程已经突破了这种狭隘面，但很多教师显然还没有足够的准备和转变意识。这是需要深思的。

二是，优秀的教师从来都走着一条异乎寻常的路。他们对教学的态度近乎苛刻，这其实是对有质量的教学生命的苛求。这种苛刻，逼迫他们寻找种种崭新的路径，而首要的，他们需要在心中自我酝酿，这好比酿酒，在自身体内经历一场美妙的发酵。夏老师对古文的兴趣，对古代历史的兴趣，都使我们感到他是一名非常优秀的酿酒师。对时间、历史产生由衷的敬意，使他完成了一个个理解上的循环。这一点，其实是需要教师对古文有一种特别的情怀的！

三是，教学需不需要一些新鲜的巧法？我想这是毋庸置疑的。课堂确实时时需要一些巧法给庸俗的生活以新鲜的刺激。但是，专门玩弄这些所谓的机巧，正是时下一些名师的所谓的"优势"，这是需要警惕的。这里需要说明的是，课堂机巧的作用点在哪里呢？我想，它应该是一个助推器，帮助我们理解和喜欢文言，以顺利地深入文中，甚至达到其感人至深的地方。最希望看到这样的情形，文字感动我们是因为它触动了我们的灵魂，并成为我们灵魂的一部分，并且，使得生命中许多不可能成为可能，并使得我们体验到智慧的奇谲与欢畅。

我想，当学生喜欢上了古文，在古文课堂上也能够思索，那么，这种新鲜的刺激自然会自动地脱落，从而使得那些语言的静波显露出来，变成恒久的美。而这种美是最纯粹的，最感人的。在今日所谓"害我最多的是古文"的声浪里，要恢复文言与历史的尊严，目前需要做的事情还很多很多。特别是，今天很多人的意识里还有很浓厚的斥古情结，因此，如何让人们喜欢上古文，教学的创新，就显得更为迫切了。

夏老师的课堂之所以感动我，是因为在根子上，这节古文里所阐发的既与我们的生活息息相关，又指向我们的精神空间。在这一层面上，教师借助于这一节课堂，由"晏子的困境"所生发的古今都同样存在的精神困境，至少微讽了当代文言教学因为忽视生命和灵魂而变得面目可憎了。由此可见夏老师的目的与追求的所在。韩军说："没有文言，我们找不着回家的路。"这里面除了一种炽热的情怀，还有一种历史的深识。

四是，这一节课对于主张语文工具论者与人文论者都是有启发的。就目前的教学情状而言，前者认为语文教学要重视语言和语言的训练，但根据其

"听说读写"四项要求所做出的种种要求，在今天已经使很多课堂僵化了。如何激活那些沉睡在本文里的语言呢？泛人文论者似乎过度扩张了文本的意义空间，难免有脱离实际的嫌疑。

一般来说，作者的感受是通过语言而沉浸在文本里，而被读者唤起，又需要凭依语言，这本没有问题。但工具论者过分强调了语言的形式，而忽视了语言背后的人。人文论者的方式又让人感到离语言的现实太远。所以，我们不是要像语言学家一样客观地研究语言，而是要"唤起"，通过"语言"而唤起另一种情感。

万变不应离其宗

——夏昆老师《晏子辞千金》课评

（246736）安徽浮山中学/周美超

夏老师这一堂文言文阅读课给人颇为新鲜的感觉。作为一种探索与尝试，其意义是十分明显的，能给人带来很多的启发。就实际的课堂而言，这种尝试也一定程度上激发了学生的学习兴趣，调动了他们的学习积极性。同时也显示了夏老师本人在教学上的探索和追求。但是，在仔细研读了《晏子辞千金》课堂实录之后，我不禁产生了一些疑问：这节课到底给学生带来了什么？老师所用的教法值不值得肯定？文言文教学到底怎样进行？等等。下面，我就一些问题表达一些我个人的感受和看法，并就教于夏老师及方家。

第一，先说课本身。夏老师这一节课是教文言文，且文本来源于课外。我注意到本节课课堂结构十分简明，主要分成两大块，即"言"的教学（现代文翻译成古文）和"文"的教学（理解文章的思想内容）。但课的主体在前一部分。尽管教者在教法上反常人之道，采用了一种全新的方式，但客观地说，其实质并没有变，即仍然立足于文言知识、文言词句的巩固和积累。一篇有深刻思想内容和文化内涵的课文，如果把教学的重心放在知识的复习和巩固上，其安排明显是不科学的。

第二，就这篇课文本身而言，其语言实际是比较浅显的，教师稍作点拨，学生自然就能掌握。从学生的翻译和回答来看，学生已有的文言知识的积累也是不薄的。既然如此，把课堂重点放在翻译上，其实就没有这个必要，硬要如此，课堂效率就不免大打折扣。

第三，我注意到文中还有一些句子，夏老师并没有让学生翻译，例如：

"使吏致千金与市租，请以奉宾客"，"泽覆三族，延及交游"，"是为宰藏也"，"夫十总之布，一豆之食"等。不知是夏老师有意如此，还是疏忽？如果是有意为之，这几个句子中有的是应该掌握的，如"致""千金""交游"以及"请以奉宾客"。有的是难以理解的，如"市租""宰藏""十总之布"等。为何不让学生翻译？同时，老师没有给学生时间提问，自己也没有进行任何点拨，难道学生都掌握了？我看未必。如果学生不理解，不掌握，学生怎能充分地理解文章的思想内容呢？甚至文言词句的巩固和积累的目标都不能得到很好的落实。

第四，采用这种教师说现代文、学生翻译成古文的形式，课堂上固然比较热闹，但学生的思维是否真正被激活？是否调动了每个学生的积极性？学生的能力又是否得到了真正的培养？这些都是值得人思考的。我的感觉是，这堂课只是考查了学生已有的知识储备，学生的思考也只是浅表性的，其思维能力并没有得到真正的锻炼和培养。

再补充一点。上面已经说了，本课的文本是教师从课外拿来的，学生开始并不知道原文，如果是平常教学，文本在教材里，学生比较熟悉，用这种将现代文翻译成古文的形式教学，恐怕就没有什么意义。

"言"的部分完成之后，夏老师转入"文"的教学，即对文本的解读。我觉得，这堂课更多的是体现了夏老师个人对文本的理解，带有较强的主观色彩。当然，这对于当今"唯上""唯参"的课堂已经是一个较大的突破，其意义是重大的。但是，问题在于，夏老师的这种解读是否就是正确的？自己的观念在教学过程中是不是就要完全展示出来，甚至以自己的思考代替学生的思考？在这两点上，我还有几句话要说。

一者，我觉得夏老师对文本的解读有失偏颇，文本的深刻内涵及其价值没有被充分挖掘出来。晏子何以要辞千金？他自己明说了三个方面的原因，即不愿代君君民，不愿成为不仁之人，不愿为别人积累财产（自己死后财产就成了别人的）。其中，第一个方面，应该说是为君考虑，即臣子行事要能显示君王的恩威，使其留名后世，并能延续其统治，达不到这个目的，当然就不能做。这是古代做臣子的美德，更是做忠臣的行动准则。晏子是一代忠臣，这理所当然在他的考虑之中。第二、第三个方面从个人的操守、名利的角度考虑。他是君子，他要做"仁者"，他就不能不考虑该不该做的问题，古人重操守甚于生命。而接受赏赐，表面看来是得到许多"利"，但实质上自己并不能长久的拥有，甚至因此得罪于人，那又有什么意义呢？所以晏子最终没有接受。但是，在课堂上夏老师只根据自己的理解，把不愿代君君民视为主要原因，引导学生得出"害怕""做事谨慎"的结论，这大大削弱了晏子的形象，削减了他的人格力量。一个勇于进谏、功勋卓著、看重操守、智慧过人的一代名臣被理解成胆小怕事、明哲保身之人。这不仅损害了文意，也削弱了文本的价值，更不利于学生健康人格和审美能力的培养。即使夏老师对文本的解读是正确的，这种理解也只停留在浅层次上，也有必要对学生进一步引导。例如，能不能把他和包拯、海瑞等人比较，以进一步认识其人其情，或者引导学生对晏子的行为进行评价，让学生在见仁见智中，进行思维的碰撞，达到受教育的目的？

二者，我觉得课堂上学生对文本的解读，夏老师的做法与其说是"引"，不如说是"牵"，是牵着学生鼻子走。请看他的提问与言辞：

"但是有一个事实是：晏子没有接受！为什么？联系课堂的开始，大家可以看到晏子的什么品德？或者大家从文段中找答案……"

"晏子说了自己拒绝的三个理由，在这三个理由当中，有最起关键作用的一个原因吗？"

（在讲述晏子一生的经历和他与景公的关系之后）"可是，就是这样一个国君，你仍然不敢接受他的赏赐，为什么？"

（学生：害怕）

"现在我们设想一下，给你两个选择：接受赏赐，但是这很可能成为你以后的罪状，在你倒霉的时候，不仅你，连同你的家人都会遭到灭顶之灾；拒绝赏赐，那么你可以名垂青史，并更加获得国君的信任，你选择哪个？"

可以说老师通过自己的提问，把学生一步步引向自己的观点，最终水到渠成地得出自己的结论，学生很少有什么发挥的余地。另外，有两个地方更值得注意：一个是，当老师问"如果你是晏子，会接受赏赐吗？会的举手"，这时多数学生举了手。当老师说"这么多啊，那不会接受的举手"，只有一个学生举手。老师也分别请两类人说说理由，但主张接受的，只有一个学生说是因为"钱"，老师给予肯定之后并没有给其他人陈说理由的机会，而是顺着自己的思路引导下去。另一个是课的末尾，老师给出两种假设，让学生选择。两种情况都有人选，所谓"意见有分歧"，但老师依然没有给学生任何表达的机会，而是迫不及待地说出自己的看法，并巧妙地通过两个简单的问题，很自然地得出"自己"的结论。

因此，夏老师这堂课虽然在形式上做了一些探索和尝试，课堂上也热热

闹闹，但其实质仍然是灌输，学生的思维能力、审美能力、探究能力等并没有得到很好地锻炼和培养，文本的价值没有得到真正的显示。因此，本堂课可以说是失败的。

下面说文言文教学。

文言文教学到底怎样进行？相关的理论和经验不可胜数，门户也很多。教无定法，条条大路通罗马，我在这里不想也无权评价别人的对与错，我只想说说个人的两点看法。

其一，文言文教什么？这是个根本问题，此问题不解决，探讨其他问题都毫无价值。但偏偏这个问题，过去人们不清楚，什么工具论，什么人文论，都莫衷一是，各执一词；现在许多人依然糊涂，其原因是不明白文言文学习的本质。文言文是本民族几千年文化的重要载体，教材节选的课文可以说浓缩了我们民族古代思想、艺术的精华，学习的目的当然是吸收和传承。但是，现实中，人们因为不明白这个道理，造成的后果是严重的。学者吴忌说："在五四新文化运动中，虽有全盘否定之，但亦是批判讨论作风，而十年'文化大革命'，却登峰造极地将一切旧文化敌视之，彻底摧毁。因此造成传统文明在当代断代，一代人的语言风格丧失典雅，道德文明沦丧，民族精神、文化审美沦丧，也就在所难免了。"由此可见，学习文言文在培养人、塑造人及其传承民族文化上所起到的重大作用。但就现实的教学而言，片面强调工具性，重视"言"的价值，眼睛只盯着高考的现象是普遍的。上面说到"言"和"文"的问题，"言"是语言，确切地说是文言字词句，"文"，即文章的思想内容和人文价值。毋庸置疑，"文"是主要的，无论是教还是学都必须从"文"的角度考虑，教学的目的是继承其中有价值的东西，从而让学生"提高道德修养、审美情趣、思维品质和文化品位，发展健康个性，形成健全人格"（课程标准之课文说明）。但文言不同于白话，它有着与白话不同的特点。"言"是"文"的载体，不了解"言"便无从理解"文"，所以"言"是不能不学的。但问题是，许多人把这个东西理解偏了，唯"言"至上。其实很明显，"言"的学习是为了理解"文"，因为"言"本身没有什么价值，是鲁迅说的烟枪和烟灯，只有送博物馆的份。

其二，文言文怎么教。这个问题专家学者们的论述甚详，各种教法似乎都有它存在的合理性。什么串讲法、诵读法、分析法、训练法等等，曾经都红极一时。但是，根据我多年的教学经验，这法那法，无论怎样创新，其中有一点必须坚持，就是诵读。没有诵读，就不能体会文章语言的精练、音节

的铿锵；没有诵读，就不能体会人物的思想情感，就感受不到人物的音容笑貌、气质风采；没有诵读，就难以感受到作者运思的巧妙；没有诵读，就难以进行语感的积淀。叶圣陶说："你要了解它，享受它，必须面对它本身涵泳得深，体味得切，才有得益。"可见，诵读涵泳对于文言文学习的重要性。夏老师这节课没有诵读应算是一大缺憾。

朱熹说："学者观书，务须读得字字响亮，不可误读一字，不可少读一字，不可多读一字，不可倒读一字，不可牵强暗记，只要多读数遍，自然上口，久远不忘。"又可见，读也不是随便乱读的，必须心事沉潜、集中精力、用心品味才行。也就是说读需要教师的积极引导，否则，读的效果会大打折扣。也许有人疑问，读有什么用呢？逐字逐句翻译成白话文，不就什么问题都解决了。其实，不说有些词句不能完全翻译，就是全部翻译过来了，其意味和意蕴也有了很大的改变，就像汉语翻译成英文，其意味可能相差十万八千里一样。所以，教师引导学生立足于整体，认真地读，反复地读，才能深刻领悟文章的意蕴，进而体会文章的精妙，积淀语感，提高阅读能力。夏老师的课忽略了引领性的诵读，我觉得，更是个很大的缺憾。

（三文皆发表于《人民教育》2007 年第 21 期）

后　记

一意孤行

我从来就不认为自己是个热爱教育的人。

当年高中毕业，之所以填报师范专业，原因跟韩寒说的一样：重点大学上不去，考太差的学校又不甘心，当然只有报师范了。好在高中阶段我走过一段弯路，所以当时能上大学已经算是意外惊喜，那么上哪所大学似乎也并不是那么重要，于是自己心里也没有什么失落感。倒是进了大学之后，为期一周的新生学前教育，上来的老师每个都谆谆教导我们，当老师也是一样为社会主义祖国作贡献，不要自卑云云，这时才觉得自己要是不自卑就有点对不起党和人民，于是才开始努力培养对教育的憎恶。

大学毕业，我被分配到峨眉山脚下的一所中学。

这里的日子是闲散而愉快的。当时我只教一个班，又没有补课，于是还可以在晚上骑车到城里一个乐队打工。课文是很熟悉的，用不着花多少时间，和大多数学校一样，我们的教研活动实际上就是玩的活动，最多就是组长把杂志上的文章拿来念一下。就在那时候，我听说了布卢姆、罗森塔尔、皮革马利翁等名字，还有启发式教学、精讲精练等术语。记得有一次我上公共课，被批评了很久，原因是课堂上没有安排练习，那时候，如果上课不问学生几个问题，那是很不时髦的，不做题就更不时髦了。学校没有什么升学压力，学生已经很少了，而且在继续减少，终于在 1996 年，学校变成了职业高中。

1997 年，一个阴冷的早晨，我离开了这所学校，被调到另一所学校。于是，终于开始真正走近教育了。现在我才知道，我的经历只证明一点：在中国，应试教育才是"真正"的教育。

1. 走近教育

到了新的学校，我被任命为班主任，这是我从教以来第一次当班主任，

而且带的是全校最难缠的一个班。那个班的学生让我明白，当学生厌学之后，会变成什么样子。在与学生斗智斗勇两年多以后，我终于成功地把他们送出去了，这时，我对教育的厌恶就上了一个新台阶。

在这所学校，要生存下来是很不容易的。作为一所子弟学校，我们却要与市里的重点学校竞争，成绩跟所有老师的收入挂钩。如果成绩不好，甚至会扣掉老师所有的津贴。这种待遇我就曾遭遇过两次，每堂课的课时津贴为0。

我刚来的时候，一位老教师给全校所有的语文老师排了一个名，我名列倒数第二。生存的困境迫使我开始关注教学，更准确地说是关注考试。1998届毕业之后，我在与学校多次协商之后，接手了一个相对较好的班。三年后，我教的班在高考中大获全胜，我也成了学校知名的老师，以前的排名当然被颠覆了。短暂的成就感过去之后，随之而来的是深深的迷茫——难道这就是教育？这就是教学？

学校的生活总是那样按部就班，没有任何变化。但是也就在这所学校，我有了两次重要的相遇，它们直接改变了我以后的职业生涯。

第一个相遇是有幸遇到了何瑞基老师。在和他的交往中，老先生给了我两点建议：第一，钻研考试；第二，阅读"二十四史"。听了老先生的建议之后，除了上班时间认真研究历年高考试卷之外，我业余时间便坚持阅读"二十四史"。2005年，我从《史记》一直读到《宋史》，同时做了10余万字的读书笔记。

第二个相逢，就是结识了网络论坛。1998年我就买了电脑，除了很少的一点时间用来看书之外，我大多数时间都是在"红色警戒""三角洲""帝国时代"这些游戏里面度过的。2001年，为了能第一时间知道学生的高考成绩，我上网了。高考之后，上网最多也就是聊天看新闻而已。直到有一天，我听说了"课件"这个词，在听说这个词以前，我一直很崇敬地把它称作"教学软件"，于是我第一次使用了搜索引擎，结果就撞进了老狼的中学语文教学资源网，又在老狼的介绍下，撞进了BBS。

和几乎所有的初进入教学BBS的老师一样，我惊奇于在现在的教育环境之下居然还有这样的一群人，上班搞教育，下班还在网上谈教育。这与我周围的教育人群是完全不一样的，让人惊诧然后感动。于是，我也开始学着发帖、跟帖，学着吵架骂人，学着呼朋唤友。那应该是2002年的事情。

应该感谢网络，让我在那个大山里面仍然能够看到外面的世界，甚至走

入外面的世界，更让我检讨自己的生活方式。这时候我开始怀疑，我是否真的就厌恶教育？或者只是厌恶某种教育？难道我也算是热爱教育的人中间的一员？

2. 出走

2004 年，我带的高 2004 级毕业了。当时我是那个年级的年级组长，组长云者，其实也就是上传下达而已，对于不会当"官"的我来说，这其实是一个很辛苦的差事。不仅是因为无数琐碎的事情要自己负责，这本非我所长，更烦人的是，自己身不由己被牵扯进了学校的利益冲突之中，在这方面，我更是近乎白痴的。

放假之前，中学语文教学资源网的几个朋友在网上相约一起到杭州去听课，在我以前待的那个学校，这种机会是没有的，所以我几乎是毫不犹豫地决定去了，一来是为了学习，二来也是散心，相当于是对自己三年的辛苦和郁闷的一个报偿，当然，还有一个不足为外人道的理由：见网友。

一周听课，来回将近 100 个小时的火车，总计 3000 多元的费用。当我从杭州回来的时候，我有两个感觉：一是外面的世界很精彩，高手太多；二是外面的世界也就这样，也许我也不是很差。

当我回到学校的时候，校长对我自费出去学习的精神表示了赞赏，并且说开学之后就报销我所有的费用。

这时候，我很不识抬举地说了一句："我想离开。"

"为什么？"

"你这里没有人。"

"什么人？"

"能够指导我的高人。"

"你要走就意味着什么都必须放弃。"

"我有什么呢？"

当我经过 10 年的磨炼，从一个懵懵懂懂的见习生终于成为一个当地比较有名气的老师时，我感觉到的迷茫是大于我的自得的，也许这该归功于网络。因为是网络使我知道了朱永新、李镇西等名字，结识了铁皮鼓、毓君等朋友。在我那个地处大山深处的学校，这种人与我平时见到的专家和老师们太不一样了。后来在网上，铁皮鼓告诉我，李镇西到盐外当副校长了，当时资源网的一个很好的朋友也说要到盐外，同时资源网的总版主毓君已经放弃

了自己公立学校的教师身份，先行一步，到了盐外了。于是，我决定，我必须离开。

3. 走进盐外

在与铁皮鼓联系之后，我就在论坛上给李老师发了短信，告诉他我想来盐外的意向，并留下了我的座机和手机号码。第二天，我正在家里的时候，电话响了，我拿起来，传来的是一口有点乐山口音的普通话：

"请问你是摩西吗？"

"我是，你是？"

"我是李镇西。"

其实一直到我到盐外之前，我都一直未与李老师谋面，更没有听过他讲话，但是几分钟的电话，彻底决定了我从 2004 年之后的生命轨迹。

学校不同意我离开，于是我不管不顾地扔了一张掩耳盗铃的请假条，声称我是要去考研，于是，踏上北上的火车，来到成都。

我来的时候，跟李老师已经约好了时间，并且说我到校门口的时候给他打电话。当我真正到达校门口的时候，横在眼前的竟是一大片水：校门口的水管破裂，漫出的水堵住了整个校门。于是我按约定给李老师打电话，但是没有人接，接连拨了几次都是这样。于是我只好在保安的帮助下，用凌波微步的身法，从他们摆放在水里的砖头上跳进了校门。

当我走进行政楼，走进二楼的副校长办公室的时候，一个中年男子正在和一位老师谈话，看见我进来，中年男人站起来，看了看我，脸上露出了笑容：

"你是摩西？"

"您是李老师吧？"

后来才知道，当时李老师将手机铃声关闭了，把它放在办公桌上，又在和老师谈话，所以没有察觉我的电话，听到我的遭遇，李老师开玩笑说："你今天第一天来，就让你看到了盐外不满意的一面。"

谈了一会之后，李老师突然很突兀地说了一句："你和铁皮鼓是一类人，只是你们出身的背景不同而已。"

我想李老师的意思大概是说我和铁皮鼓都有些关于教育的梦想，或者说还有些向上的欲望。其实当时我与铁皮鼓也仅限于在 QQ 里对话而已，彼此都还不是太了解，甚至也没有见过面。

谈了一会儿之后，李老师带我去见果丹皮校长。聊了几句之后我们发现，我们竟然十分投缘。果丹皮和我都有川人多少都有一点的狂气，他是狂校长，我是狂书生。当我把准备好的各种资料交给他时，果丹皮看都没看就放在了一边，说这些我们不用看，第一从网上知道了你，第二对话中了解了你。

当时成都的另一所很有名的私立学校也有要我的意向，后来打电话来要我去面试，但是最后，我还是决定留在盐外。

4. 朋友们

在与果丹皮的谈话结束之后，我拨通了毓君的电话，因为我知道，他和瘦羊假期就来到了盐外，已经补了一个假期的课了。

见网友总是一件很尴尬的事情，因为素未谋面，总有认错之虞。因此，当毓君说他和瘦羊马上过来见我之后，在校园熙熙攘攘的人群中我还是不能确定到底谁就是我向往已久的朋友。于是我再次拨通了毓君的电话，终于看见人群中两个男子中的一个拿起了手机，这时我才敢从藏身之地走出来，满面笑容地迎上前去："毓君吗？"

之前得知，铁皮鼓全家已经到了成都，但是还没到盐外，于是我在学生宿舍住下之后，近期的人生目标就成了等待铁皮鼓。

与铁皮鼓的见面是颇伤自尊心的。

铁皮鼓来了之后，我打听到他们住的寝室，敲门，没有回音。于是郁郁而返；10分钟后，再敲，还是没有回音，再郁郁而返。直到半个小时之后敲门，才依稀听到有人回答："来了。"门开了，面前的铁皮鼓跟网上的照片一模一样，身材比较高大，留着黑社会人士经常留的板寸，穿着深色T恤，这样合乎潮流的打扮一看就知道是桃夭的幕后杰作。门一开，我就微笑着迎上前去，紧紧握住他的手："终于见到你了！同志！"铁皮鼓保持着他一贯的伪君子一般的微笑，也紧紧握住了我的手："终于见到你了！"然后很稳重地加了一句："对不起，请问你是谁啊？"

早在我来之前，铁皮鼓就在网上叫战，说要以陕西人的豪气在酒桌上将我彻底击垮，可是等我们见面之后，他又反复声称是前一段时间跟盐外的领导们喝酒伤了胃，于是暂挂免战牌，说等将养好了玉体之后再跟我决一死战，结果直到一年后我们分别，我也没有等到这个决战的机会。

铁皮鼓的外表经常容易迷惑很多人，让人以为他是一个憨厚朴实的中国原生态教师，其实其内心狡猾大大的，其专业方向多偏向于教育理论和哲学。瘦羊是一个能够将现实和梦想结合在一起的老师，形而上到可以跟你谈理论教改，形而下到对考试考点头头是道。毓君在新都的时候就是中心组成员，是新课标的坚定支持者和实践者，而他给我印象最深的还是在资源网当"疑难解答"版主的时候的敬业和踏实，对老师和同学提出的所有问题都是有问必答，而且速度相当的快。桃夭表面上似乎只是一个纯朴和热爱丈夫的妻子，其实她的才华并不在铁皮鼓之下，因为有相似的境遇，所以我很了解她为丈夫所做的牺牲。

由于学校住房不够且不方便，于是我们最初决定一起到外面租房过群居生活，但是能满足我们要求的房子太少：三个男人还有一家三口。无奈之下，铁皮鼓一家人只好住在学生宿舍，而我们三个人找到了一套三居室的房子，中间一个客厅，我们三个人各住一间。

为了充分享受现代科技带来的方便，我们之间的联系都是通过论坛或者QQ，以高科技的方式商量今天到底是吃食堂还是下馆子。不过我们去得最多的，还是高速公路对面的"二娘兔头"。于是，经常就在街边，一张桌子，几把竹椅，几扎啤酒，几碟或大或小的菜，构成了我们关于盐外的最美丽的回忆的标志。

铁皮鼓的憨厚和狡猾，瘦羊的善良和孩子气，毓君的沉稳和忧郁，桃夭的温柔和善解人意，再加上我的疏狂与不羁，成为我们在盐外一道永远无法抹去的记忆。

后来我们听人说，我们这一群似乎有成为小圈子的危险，甚至有人给我们起了个名字叫"陕西帮"。开始有些诧异，后来也就释然了，我们来到盐外，其实就是因为李镇西老师和这帮朋友，因此我们经常聚在一起，也不是什么奇怪的事情。

在成都新都还有其他的很多朋友，干干、凡夫子、李玉龙、初雪霁、范美忠等，于是大家也经常聚在一起，有时候到新都去开展讲座，有时候在盐外上课，之后照例是喝酒，然后讨论，然后争吵，乘兴而来，尽兴而返。

5. 孩子们

开学之前，我就多次打听我的工作安排，得到过几次不同的答案，后来，我也就不再询问了。直到要报名的时候，我被告知，我教高二两个班，一个文科，一个理科，并担任文科班的班主任。

之前，李镇西老师和果丹皮校长曾经多次对我们提及盐外生源的问题，并谈到这里的学生与我们以前教的水平比较好的学生可能差异会很大。由于众所周知的原因，最初我也没有打听，也没有关心我带的两个班究竟是什么样的班。直到开学了一两周之后，我才知道，两个班都是年级最好的班，尤其是我担任班主任的文科班。

在教育已经成为一种产业的现在，真正的小班教学几乎已经成了一种神话，因此当我知道我的一个班只有20多人的时候，我简直是大吃一惊。

孩子们很乖，或者说，正由于他们的优秀，掩盖了我在工作上的很多不足。很多事情，连我这当班主任的都还没有搞清楚状况，而孩子们已经做好了。也正是因为他们，在李老师的建议下，我开始坚持写班主任随笔，并命名为《我的孩子们》。

在盐外的变化，远非一两句话能说清的。但是每次的讲课和听课，特别是听课之后硝烟弥漫的评课，是我们任何人在以前都未曾体验过的。在尊重的前提下，我们对任何人都没有保留，毫不隐讳地提出自己的观点。记得在毓君的一次公开课之后，我与李老师就发生了很激烈的争吵。

跟铁皮鼓、干干，我们几乎是见一次吵一次，有时候甚至都有些动气了。但是我明白，有些争吵其实只是因为个性不同、知识结构不同和看问题的角度上的差异，而无论如何，人生中能有这样可以争吵的朋友，都是一件很幸福的事情。

而更重要的，是在跟孩子们交往的过程中，我更坚定了关于教育的很多观念，如尊重、爱心、民主，还有美。

盐外给我提供了尽可能宽松的条件，也给我提供了尽可能大的舞台。开学不久，学校就开设了新教育选修课，让愿意上的老师选择主题。我自然是求之不得。在以前，我给我的每届学生都开设了音乐鉴赏课，而现在，盐外让我将这门选修课扩大到了全校。

于是，每个周二下午，我便"霸占"了多媒体教室，从摇滚到《梁祝》，从《春江花月夜》到《动物狂欢节》，从柴可夫斯基到贝多芬，那里就是孩子们和我的天堂……

和所有的私立学校一样，在盐外当班主任其实是很辛苦的，每天早上6点就得起床带学生早操，一天的工作拉开帷幕，一直要忙到晚上10点。但是由于我们班孩子很优秀，人数又少，因此我少了很多事务性的麻烦，我的日子也算过得优哉游哉了。铁皮鼓的班要差一些，于是他的工作开展就不是很顺手，毓君和瘦羊的班亦如是，生源最差的是桃夭的班，很多时候我都不忍心看到她的气愤与痛苦。

记得2004年的那个冬天，经常停电，当时还没有买笔记本，更没有无线上网，于是停电的时候，我经常到铁皮鼓一家住的宿舍里去聊天。我们靠在床边，有一搭无一搭地聊过去的学校、领导、老师、现在的心情，还有共同的对未知的未来的迷茫。

在新教育的层面上，铁皮鼓与李老师走得近一些，在理论的层面上，铁皮鼓与干干走得近一些，但是不管是对新教育还是对理论，我都想保持自己的看法，因此有些警惕地保持着自己的距离。知识结构的不同使我很多时候只是听众，即使发言，大多时候也只是表达自己不同的观点，因为与我知识结构一致的人实在太少，因此我无法与其展开对话。

那一段时间，盐外一直在吵嚷改制的事情，其实改制与否对我来说，并没有什么关系。当我离开西昌的时候，什么手续都没有办理，甚至也没有指望能办理什么手续，我开玩笑称之为"私奔"。盐外要改制的时候，果丹皮校长和李老师把我们几个召集起来开了一次会，大致意思是我们的编制可能不能得到解决，而其实那时候，我也并没有在意。

6. 离开

当我到成都很久之后，跟以前的校长联系，他经常说的一句话就是："以前的事情，我也不想再提了，有些事情也没法提。等我退休的时候，我们哥俩好好聊聊。"

我也不知道，我的离开是否只有到退休的时候才能提起。但是我的离开对很多人造成影响甚至伤害却是不争的事实。

在我离开之后，原来的学校一直希望我回去。在那里，我本来似乎是最不可能离开的一个人，但是我还是走了，这对我们学校的老师震动很大。我走的两年之内，又陆陆续续走了五六个老师，对学校影响也很大。但是我显然是不可能回去的。

在将近放假的时候，成都的一所学校也希望我去，并且待遇还比较优厚，但是我经过思考，还是婉拒了。

在盐外的日子，李镇西老师和果丹皮校长对我的关心是让我永生难忘的。而与此同时，新都教育局也在进行招聘活动，在朋友的介绍下，我也去报了名。

而选择新都，我最重要的原因，其实就是为了孩子的教育问题。

其实我知道，这事我应该早点跟果丹皮和李镇西老师说，但是一来是考试还没进行，我没有绝对的把握通过，二来我也感到内疚，无法向他们开口。

恰好，一次偶然的机会，铁皮鼓把这事跟李老师说了，也许，这样也免去了我直接面对他们的难堪和尴尬。

知道这事之后，李老师给我发了短信，我们又当面谈了几次，李老师有些难受，因为他们对我的付出是真诚的，但是现在我也只有难受。

后来又见了果丹皮，看得出果丹皮是忍着内心的不快和失望的，但是我没有其他选择。

而最难受的，是面对那帮孩子们。

按照约定，我将为他们上完前半段的补课，这事我一直没有告诉他们，一来不愿意影响他们的学习，二来我似乎更无法面对这帮可爱的孩子们。

终于到最后一课了，这一课在我眼中，不比韩麦尔先生的最后一课更好过。把课程上完的时候，我苦笑着说："今天是我们的最后一课了。"

孩子们没有懂我的意思，都笑了起来，可是我下面一句话让他们都愣住了："下课之后，我将离开这所学校……"

有的孩子愤怒了，因为我没有履行诺言，和他们一起走完高三，孩子们问我为什么，我说是为了孩子。一个孩子站起来说，你的孩子很重要，但是我们也是你的孩子。

那一刻我几乎哭出来，但是我还是硬着心肠说了一声："对不起！"

下课铃响的时候，我是逃出教室的。一个孩子跟在我后面，说大家知道这消息太突然，所以有些不理智，但是大家都是舍不得你走。我胡乱地答应着，甚至没有回头跟孩子说句话。

我们一起来的这几个人，曾经有过一个约定，谁最先离开盐外，就必须请大家到学校对面的大卫营去喝酒。那时候，"夺标"呼声最高的是瘦羊，因为他经常说起他可能还是要回西安。但是，他又说放心不下铁皮鼓一家人。开始听到这话的时候多少觉得有些好笑，但是后来我们了解了他们之间的感情，也不禁为之黯然神伤。

一年之后，最先离开的，就是我和瘦羊，但是事先的约定并没有承诺，因为放假，因为回家，因为大家都忙，忙得来不及告别。

瘦羊果真要回西安了，他走之前，我们去火车站帮他运行李。那些行李

后

记

一年前我们曾经一起费力地搬到我们"同居"的地方，当时我们还笑他居然把电视都搬来了，其实那台电视好像在来四川的路上就已经坏掉了，于是瘦羊又把它原样搬回去。瘦羊走的那天，我在新都，没有时间去给他送行。铁皮鼓给我短信，说他们在火车站，我说只好遥祝瘦羊一路顺风了。我不知道他们分手的时候流泪了没有，但是我的喉咙那时候有点哽咽了。

半年之后，铁皮鼓夫妇也离开了，到了苏州。2006年的第一天，干干和我们在成都的一个小饭馆里面为他们饯行，吵了最后一架。于是我们又和2004年前一样，只能通过网络和手机短信联系了。

毓君本来是新都的，后来辞职到了成都盐外，而我却从盐外到了新都，于是我经常开玩笑说我是为了填补他走了之后新都教育界的损失。他回新都的时候，偶尔我们也会见面，一起喝茶。在茶楼，两台笔记本对着放在小茶桌上，我们相对沉默着，看文章，看帖，或者有一搭没一搭地聊着。

干干后来也到苏州去了，范美忠去了都江堰。曾经的饭局已经不复存在，曾经的争吵也在记忆中逐渐淡漠下去。但是，对于我们每一个人来说，那段时光都是值得珍惜的，人生中能有多少这样的时光啊！所以，有过，也就足矣。

7. 假行僧

我不知道我为什么离开，正如我不知道为什么会来到新都。

也许只是为了一个梦。从教多年后，我越来越感到自己无法理解教育，无法把握教育。在盐外的时候，李镇西、铁皮鼓诸君多次善意地提醒我要"转变观念"，我总是怙恶不悛地反问一句："为什么要转变？"在我的眼里，别人觉得最正常的东西往往是最值得思考的。保持清醒和独立是我的生命，也是我的骄傲。

也许，教育真的不是我的梦想，如果一定要给我一个梦想的话，我想我的梦想应该是音乐。在我的电脑里面，存有两种音乐：一种是古典音乐，如莫扎特、贝多芬、德沃夏克、柴可夫斯基之类；一种是摇滚，如唐朝、黑豹、窦唯、张楚之流。古典音乐是我的魂，让我相信这世界还有美，还有真，让我感觉应该与平庸保持一定的距离，去追求一种更纯粹、更高尚的生活；摇滚乐是我的血，怀疑和反叛是我的信条，冷嘲热讽和游戏调侃是我的武器，失真效果器和嘶哑的嗓子是我抗拒的方式。于是我情愿做一个光着膀子挎着吉他的流浪者，也不想成为一个身着燕尾服、喷着古龙水的银行家。

很多时候，打开电脑，戴上耳麦，听崔健的那首《假行僧》：

> 我要从南走到北，
>
> 我还要从白走到黑；
>
> 我要人们都看见我，
>
> 但不知道我是谁……

我和凯鲁亚克一样，永远都走在路上，永远都是那个孤独的假行僧。

毓君曾不止一次地指责我陷入虚无主义的泥潭，初雪霁发现我并没有她原想的那么高大，李玉龙常常痛心疾首于我的玩物丧志，干干到最后发觉实在没有跟我交流的可能，铁皮鼓用他一贯的君子之风表现出对我的包容，可是我还是一意孤行，没有买任何朋友的账。

因为，我不相信。

我不相信分数是学生的一切；

我不相信教育的本质只是为了考试；

我不相信某个名师的方法可以放之四海而皆准；

我不相信某个被人推崇的理论完美得无懈可击；

我不相信一个没有个性的人可以成为一个优秀的老师；

我不相信爱心可以代替一切；

我不相信某个潮流就可以代表教育终极的目标；

我不相信台上某个慷慨陈词的专家自己相信自己的学说；

我不相信来自官方的评价就是教师的立身之本；

……

我出生在蜀地，出生时正值隆冬。冬季蜀地少日，故蜀犬见日必吠之。我想，我就是那只吠日的蜀犬，在懒散中保持自己冷嘲热讽和调侃的权利，这是失去，也是获得。我愿意以一个不妥协的倔犟面目出现在讲台上，因为我相信，只有真实，才能有真正的教育，唯有真诚，才能激发出教师内在的火花，点亮学生的瞳孔。

8. 生命如河

知道张文质先生应该是在两年前。

一次，河南的武凤霞老师给我短信说，她到福建上课，认识了张文质老师，了解了生命化教育。她大力向我推荐张老师和生命化教育，并说生命化教育肯定能让我有更多的提升和思考。就这样，我走近了生命化教育。

在张文质老师的博客里，我看见了卢梭的一段话：

大自然希望儿童在成人以前就要像儿童的样子。如果我们打乱了这个秩序，我们就会造成一些早熟的果实，它们长得既不丰满也不甜美，而且很快就会腐烂：我们将造成一些年纪轻轻的博士和老态龙钟的儿童。儿童是有他特有的看法、想法和感情的。如果想用我们的看法、想法和感情去代替他们的看法、想法和感情，那简直是最愚蠢的事情。我宁愿让一个孩子在 10 岁的时候长得身高五尺而不愿他有什么判断的能力。事实上，在这种年龄，理性对他有什么用处？它阻碍着体力的发展，儿童是不需要这种阻碍的……

要按照你的学生的年龄去对待他。首先，要把他放在他应有的地位，而且要好好地把他保持在那个地位，使他不再有越出那个地位的企图。这样，就可以使他在不知道什么叫睿智的行为以前，就能实践其中最重要的教训了……

掩卷沉思，教育到底是什么？这个问题在我从教 10 多年之后再提出来似乎有些滑稽，但是又格外沉重。很多年前，我曾在一篇小文中写到：

"教育"这个词，似乎有些荒谬。将"教"放在前面，"育"放在后面，似乎孩子们最重要的就是接受教导，而不是正常的生长。而在生活中，当我们的教与学生的成长相矛盾的时候，我们会毫不犹豫地选择教而不是育。明白这一点，也就不难理解，为什么有些孩子被沉重的压力逼得自杀，我们都还振振有词地批判他们承受力太弱了。

读张文质先生的著作，一个词让我如醍醐灌顶：生命在场。

皮之不存，毛将焉附？没有生命的教，注定是虚伪而残酷的，没有生命在场的教育，注定也是残忍和可怕的。很多老师在漫长的职业生涯中逐渐磨掉了自己对生命的敬畏，对生命的尊重，用机械的手段将一批批学生再变成机器，或者变成机器上的一个螺丝钉。难道这就是我们的教育？为什么老师不能带着自己独特的生命形式走入教室，为什么老师不能以一种对生命的敬畏来对待学生，而是要根据成绩册上那几个荒谬而可笑的阿拉伯数字对待学生？

学生时代看罗曼·罗兰的《约翰·克里斯多夫》，最难以忘记的是小说的第一句："江声浩荡，自屋后上升。"生命不就是这样的一条河流吗？从涓涓细流到恰可滥觞，从纯净无暇到浑厚包容，从潺潺溪水到波涛浩瀚，一路向前，一路喧嚣，一意孤行。

我希望，我的生命如河流一样奔腾，坚韧而执著，一意孤行。我希望，我学生的生命如河流一样奔腾，自由而奔放，灵动而浩大。

　　这本薄薄的小书的出版，首先要感谢张文质老师为我不辞辛劳，四处奔波。如果没有张老师的鼓励帮助，这些文字现在也只是我个人的自言自语而已。在张老师的联系下，我所尊敬的钱理群老先生不吝笔墨为本书作序，这令我这后学晚辈受宠若惊，更感觉肩上增添了责任。由于才学粗疏，书中定有不少不足之处，也希望能以此书请教于方家，提高我自己。

2010 年 12 月 6 日于成都

后

记

《名师工程》系列丛书

征 稿 启 事

　　《名师工程》系列丛书是西南师范大学出版社策划、组织出版的大型系列教育丛书。丛书以新课程下的新教学为背景，以促进施教者的教育能力为落脚点，以提高教育质量、提升教师水平为宗旨。

　　丛书首批推出的"名师讲述""教学提升""教学新突破""高中新课程""教师成长""大师讲坛""教育细节""创新语文教学""教育管理力""教师修炼""创新数学教学""教育通识""教育心理""创新课堂""思想者""名师名课""幼师提升""优化教学""教研提升""名校长核心思想系列""名校""高效课堂""班主任专业化"等系列，共120多个品种，其余系列也将陆续出版。为了让广大教师有一个交流、借鉴的机会，同时也为了给广大教师提供更多、更好的图书，《名师工程》系列丛书编辑出版委员会特向全国教育工作者征集稿件。

稿件要求：

1.主题鲜明、新颖，有独创性。

2.主题以提升教育能力为主，也可适当外延。

3.主题要有一定规模、有典型案例支撑。

4.案例要贴近教育实际，操作性强。

5.文章、书稿结构清晰，语言精彩。

　　书稿作者在选题确定之后，请及时与我们做好沟通，具体事宜确定好之后再进行创作；也欢迎用已经完稿的稿件投稿。一线教师如希望参与图书案例的创作，可联系我社策划机构，由策划机构备案，在适合的图书中参与创作。

　　真诚欢迎各位教师踊跃投稿。

联系方式：

西南师范大学出版社高教分社

电话：023-68254356　　　E-mail：zcj@swu.cn

西南师范大学出版社高教分社北京策划部

电话：010-68403096

E-mail：guodejun1973@163.com

西南师范大学出版社
《名师工程》系列丛书目录

系列	序号	书　　名	主编	定价
思想者系列	1	《做一个纯粹的教师》	许丽芬	26.00
	2	《率性教书》	夏　昆	26.00
	3	《为爱教书》	马一舜	26.00
	4	《课堂，诗意还在》	赵赵（赵克芳）	26.00
	5	《今日教育之民间立场》	子虚（扈永进）	30.00
	6	《教育，细节的深度反思》	许传利	30.00
	7	《追寻教育的真谛——许锡良教育思考录》	许锡良	30.00
高效课堂系列	8	《用什么提高课堂效率——有效数学课必须关注的10大要素》	赵红婷	30.00
	9	《让作文更轻松——小学作文高效教学36锦囊》	李素环	30.00
	10	《让研究性学习更高效——研究性学习施教指导策略》	欧阳仁宣	30.00
	11	《让母语融入学生心灵——提升学生语文素养的高效施教艺术》	黄桂林	30.00
班主任专业化系列	12	《神奇的教育场——打造特色班级文化创新艺术》	李德善	30.00
教研提升系列	13	《教师怎样做小课题研究——高效助力教师专业化成长》	徐世贵　刘恒贺	30.00
	14	《今天我们应怎样评课》	张文质　陈海滨	30.00
	15	《今天我们应怎样进行教学反思》	张文质　刘永席	30.00
	16	《一节好课需要的教育智慧》	张文质　姚春杰	30.00
优化教学系列	17	《让教学更生动——激发兴趣让学生快乐认知》	朱良才	30.00
	18	《让教学更高效——策略创新让教学事半功倍》	孙朝仁	30.00
	19	《让教学更开放——拓展延伸让学生触类旁通》	焦祖卿　吕　勤	30.00
	20	《让教学更生活——体验运用让学生内化知识》	强光峰	30.00
	21	《让知识更系统——整合与概括让学生建构体系》	杨向谊	30.00
	22	《让思维更创新——思辨与发散让学生思维活跃》	朱良才	30.00
名校长核心思想系列	23	《成为有思想的校长》	赵艳然	30.00
名校系列	24	《好学校，从关注每个学生开始——石梅小学优质教育多元感悟》	顾　泳　张文质	30.00
幼师提升系列	25	《全国优秀幼儿健康教育活动课例评析》	教育部教育管理信息中心	30.00
	26	《全国优秀幼儿艺术教育活动课例评析》	教育部教育管理信息中心	30.00
	27	《全国优秀幼儿社会教育活动课例评析》	教育部教育管理信息中心	30.00
	28	《全国优秀幼儿语言教育活动课例评析》	教育部教育管理信息中心	30.00
	29	《全国优秀幼儿科学教育活动课例评析》	教育部教育管理信息中心	30.00
名师名课系列	30	《名师如何炼就名课》（美术卷）	李力加	35.00
教师修炼系列	31	《班主任工作行为八项修炼》	杨连山	30.00
	32	《教师心理健康六项修炼》	李慧生	30.00
	33	《教师专业化五项修炼》	杨连山　田福安	30.00
	34	《课堂教学素养五项修炼》	刘金生　霍克林	30.00
	35	《高效教学技能十项修炼》	欧阳芬　诸葛彪	30.00
	36	《教师新师德六项修炼》	王毓珣　王　颖	30.00

系列	序号	书名	主编	定价
创新课堂系列	37	《如何实现三维目标——让学生与文本共鸣的诵读教学》	张连元	30.00
	38	《想说 会说 有话可说——突破作文瓶颈的三维教学法》	杨和平	30.00
	39	《综合课的整合创新教学》	周辉兵	30.00
	40	《如何打造学生喜欢的音乐课堂》	张 娟	30.00
	41	《理想课堂的构建与实施——一个教研员眼中的理想课堂》	张玉彬	30.00
	42	《小学语文：决定教学质量的关键策略》	李 楠	30.00
	43	《用〈论语〉思想提升数学教育智慧》	胡爱民	30.00
	44	《童化作文——浸润儿童心灵的作文教学》	吴 勇	30.00
创新教学系列数学	45	《小学数学：名师教学目标落实艺术》	余文森	30.00
	46	《小学数学：名师高效教学设计艺术》	余文森	30.00
	47	《小学数学：名师易错问题针对教学》	余文森	30.00
	48	《小学数学：名师魅力课堂激趣艺术》	余文森	30.00
	49	《小学数学：名师同课异教》	林高明 陈燕香	30.00
	50	《小学数学：名师抽象问题艺术教学》	余文森	30.00
教育通识系列	51	《用心做教师——青年教师快速成长的十大定律》	王福强	30.00
	52	《做最受学生欢迎的老师》	赵馨 许俊仪	30.00
	53	《做有策略的校长——经典寓言与学校管理智慧》	宋运来	30.00
	54	《做有策略的教师——经典故事中的教育启示》	孙志毅	30.00
	55	《从学生那里学教书》	严育洪	30.00
	56	《突破平庸——提升教育质量的31个跳板》	严育洪	30.00
	57	《教育，诗意地栖居》	朱华忠	30.00
	58	《好班规造好班级》	赵 凯	30.00
	59	《做学生成长的引领者——学生终身成长的素质培养》	田祥珍	30.00
	60	《如何管出好班级——突破班级管理的四大瓶颈》	刘令军	30.00
	61	《青春期性教育教师实用手册》	闵乐夫	30.00
教育心理系列	62	《做最好的心理导师——中学生心理健康咨询手册》	杨 东	30.00
	63	《每天学点教育心理学》	石国兴 白晋荣	30.00
	64	《学生心理拓展训练与指导》	徐岳敏	30.00
	65	《好心态成就好学生——学生心理问题剖析与对症教育》	李韦遴	30.00
教育管理力系列	66	《名校激励管理促进力》	周 兵	30.00
	67	《名校安全管理执行力》	袁先潋	30.00
	68	《名校师资团队建设力》	赵圣华	30.00
	69	《名校危机管理应对力》	李明汉	30.00
	70	《名校校本研究创新力》	李春华	30.00
	71	《学校文化力建设策略》	袁先潋	30.00
	72	《名校长核心教育力》	陶继新	30.00
	73	《名校长高绩效领导力》	周辉兵	30.00
	74	《名校行政管理细节力》	杨少春	30.00
	75	《名校教学管理提升力》	张 韬 戴诗银	30.00
	76	《名校学生管理教导力》	田福安	30.00
	77	《名校校园文化构建力》	岳春峰	30.00
创新教学系列语文	78	《小学语文：享受对话教学》	孙建锋	30.00
	79	《小学语文：名师教学目标落实艺术》	刘海涛 王林发	30.00
	80	《小学语文：名师魅力教学设计艺术》	刘海涛 王林发	30.00
	81	《小学语文：名师魅力课堂激趣艺术》	刘海涛 豆海湛	30.00
	82	《小学语文：单元整体教学构建艺术》	李怀源	30.00
	83	《小学作文：名师情趣课堂创设艺术》	张化万	30.00

系列	序号	书　　　名	主编	定价
教育细节系列	84	《名师最具渲染力的口才细节》	高万祥	30.00
	85	《名师最有效的沟通细节》	李　燕　徐　波	30.00
	86	《名师最有效的激励细节》	张　利　李　波	30.00
	87	《名师培养学生好习惯的高效细节》	李文娟　郭香萍	30.00
	88	《名师人格教育的经典细节》	齐　欣	30.00
	89	《名师营造课堂氛围的经典细节》	高　帆　李秀华	30.00
	90	《名师最有效的赏识教育细节》	李慧军	30.00
	91	《名师最有效的批评细节》	沈　旎	30.00
大师讲坛系列	92	《大师谈教育心理》	肖　川	30.00
	93	《大师谈教育激励》	肖　川	30.00
	94	《大师谈教育沟通》	王斌兴　吴杰明	30.00
	95	《大师谈启蒙教育》	周　宏	30.00
	96	《大师谈教育管理》	樊　雁	30.00
	97	《大师谈儿童人格塑造》	齐　欣	30.00
	98	《大师谈儿童习惯培养》	唐西胜	30.00
	99	《大师谈儿童能力培养》	张启福	30.00
	100	《大师谈早恋与性教育》	闵乐夫	30.00
	101	《大师谈儿童情感教育》	张光林　张　静	30.00
教师成长系列	102	《学学名师那些事》	孙志毅	30.00
	103	《给新教师的建议》	李镇西	30.00
	104	《教师心灵读本：成为有思想的教师》	肖　川	30.00
	105	《教师心灵读本：教师，做反思的实践者》	肖　川	30.00
高中新课程系列	106	《高中新课程：教师角色转变细节》	缪水娟	30.00
	107	《高中新课程：班主任新兵法细节》	李国汉　杨连山	30.00
	108	《高中新课程：教学管理创新细节》	陈　文	30.00
	109	《高中新课程：更有效的评价细节》	李淑华	30.00
教学新突破系列	110	《把教学目标落实到位——名师优质课堂的效率管理》	冯增俊	30.00
	111	《拿什么调动学生——名师生态课堂的情绪管理》	胡　涛	30.00
	112	《零距离施教——名师和谐师生关系的构建艺术》	贺　斌	30.00
	113	《一个都不能落——名师提升学困生的针对教学》	侯一波	30.00
	114	《让学习变得更轻松——名师最能吸引学生的情境设计》	施建平	30.00
	115	《让知识变得更易学——名师改造难学知识的优化艺术》	周维强	30.00
教学提升系列	116	《方法总比问题多——名师转变棘手学生的施教艺术》	杨志军	30.00
	117	《用特色吸引学生——名师最受欢迎的特色教学艺术》	卞金祥	30.00
	118	《让学生爱上课堂——名师高效课堂的引导艺术》	邓　涛	30.00
	119	《拿什么打开思路——名师最吸引学生的课堂切入点》	马友文	30.00
	120	《没有记不牢的知识——名师最能提升学生记忆效果的秘诀》	谢定兰	30.00
	121	《让学生的思维活起来——名师最激发潜能的课堂提问艺术》	严永金	30.00
名师讲述系列	122	《施教先施爱——名师讲述班主任的核心教导力》	杨连山　魏永田	30.00
	123	《在欢乐中成长——名师讲述最具活力的课堂愉快教学》	王斌兴	30.00
	124	《让学生做自己的老师——名师讲述如何提升学生自主学习能力》	徐学福　房　慧	30.00
	125	《引领学生高效学习——名师讲述如何提高学生课堂学习效率》	刘世斌	30.00
	126	《教育从心灵开始——名师讲述最能感动学生的心灵教育》	张文质	30.00